सफल प्रबन्धन : गांधी दर्शन

Mahatma and Management

[एक कॉरपोरेट अनुभव]

विजय जोशी

राजकमल प्रकाशन
नयी दिल्ली पटना इलाहाबाद कोलकाता

आभार :
श्री योगेश मंत्री
के प्रति जो इस विचार-यात्रा
में मेरे सतत सहयोगी रहे हैं।

राजकमल पेपरबैक्स में
पहला संस्करण : 2013

राजकमल पेपरबैक्स : उत्कृष्ट साहित्य के जनसुलभ संस्करण

राजकमल प्रकाशन प्रा. लि.
1-बी, नेताजी सुभाष मार्ग
नई दिल्ली-110 002
द्वारा प्रकाशित

शाखाएँ : अशोक राजपथ, साइंस कॉलेज के सामने, पटना-800 006
पहली मंजिल, दरबारी बिल्डिंग, महात्मा गांधी मार्ग, इलाहाबाद-211 001
36 ए, शेक्सपियर सरणी, कोलकाता-700 017

वेबसाइट : www.rajkamalprakashan.com
ई-मेल : info@rajkamalprakashan.com

बी.के. ऑफसेट
नवीन शाहदरा, दिल्ली-110 032
द्वारा मुद्रित

आवरण : राजकमल स्टूडियो
रेखाचित्र : श्री संतोष जड़िया

मूल्य : ₹ 95

SAPHAL PRABANDHAN : GANDHI DARSHAN
by Vijay Joshi

ISBN : 978-81-267-2533-5

सफल प्रबन्धन : गांधी दर्शन

Mahatma and Management

[एक कॉरपोरेट अनुभव]

NATIONAL YOUTH PROJECT
राष्ट्रीय युवा योजना
221, DD Upadhyay Marg
New Delhi-110002

D. S.N. SUBBA RAO
DIRECTOR
Tel. : 23222329, Fax : 23236734
e-mail : nypinda@hotmail.com

महात्मा गांधी एवं मैनेजमेंट

गुरुदेव रवीन्द्रनाथ ठाकुर ने एक बहुत सार्थक व्याख्या दी है–'महानतम व्यक्तित्व उतने ही सरल होते हैं, जितना कि महानतम सत्य।' यदि किसी को इस रहस्य से पर्दा उठाना हो कि गाँव का एक साधारण-सा बालक जिसमें युवावस्था के दौरान महानता के कोई लक्षण विद्यमान नहीं थे, कैसे इतना महत्त्वपूर्ण हो गया कि स्वयं प्रो. आइंस्टीन को कहना पड़ा–**आनेवाली पीढ़ी कभी यह विश्वास नहीं कर पाएगी कि इस धरती पर कभी गांधी जैसा व्यक्तित्व भी हुआ करता था**, तो यही साधारण-सी उक्ति इस सत्य को प्रकट करती है कि गांधी अपने जीवन व विचारों में बेहद सरल, सादगीपूर्ण तथा साधारण थे।

वर्तमान दौर में प्रबन्धन विषय पर अनेक पुस्तकें लिखी गई हैं और उनमें भी महात्मा गांधी पर अधिकाधिक लोग लिख रहे हैं। फिर भी प्रबन्धन की गांधीवादी पद्धति पर लेखन के लिए विजय जोशी जैसे प्रतिभाशाली की आवश्यकता थी। यह अद्‍भुत समन्वय तथा समायोजन है।

बी.एच.ई.एल. जैसी संस्था में समूह महाप्रबन्धक रहे विजय जोशी की सोच वास्तविक व मौलिक है। उन्हें ज्ञात है कि विचलित मस्तिष्क के बजाय एक सन्तुष्ट, प्रसन्न एवं शान्तचित्त व्यक्ति अधिक

उपयोगी होता है। दरअसल मैं, श्री जोशी तथा उनके अभिन्न मित्र श्री कासलीवाल के सम्पर्क में उनके महाप्रबन्धक होने के कारण नहीं, बल्कि उनकी सांस्कृतिक आयोजनों में रुचि के कारण आया। उन्हीं के आग्रह पर मैंने बी.एच.ई.एल. की प्रथम यात्रा भेल व्याख्यानमाला के उद्घाटन हेतु की। मुझे पूरा विश्वास है कि उनके अभिनव सोच ने उत्पादन को भी गति प्रदान की होगी।

विजय जोशी प्रबन्धन विषय पर लेखन के लिए प्रसिद्ध हो रहे हैं। पाठकों की माँग पर उनकी पुस्तकों के कई संस्करण प्रकाशित हो चुके हैं। मुझे विश्वास है, इनकी इस नई पुस्तक की भी भारी माँग रहेगी।

गांधी के दौर में भारत में अनेक देशभक्त थे एवं उन सबमें गांधीजी सर्वश्रेष्ठ वक्ता थे। सरोजिनी नायडू कविता में बात करती थीं। पंडित जवाहरलाल नेहरू के भाषण कानों के लिए सुमधुर संगीत के समान होते थे। डॉ. राधाकृष्णन की विद्वत्ता तो बेजोड़ थी। लोग उनके भाषणों की प्रशंसा करते थे, लेकिन जब वे गांधीजी को सुनते थे तो यह सोचते हुए लौटते थे कि वे भी केवल वही करें जिसके लिए गांधीजी ने कहा था।

और यह इसलिए था कि गांधीजी अपनी अन्तरात्मा की आवाज के अनुरूप कार्य को अन्जाम देते थे। जब भी उन्होंने कोई घटना देखी तो अन्य लोगों के समान केवल विचार बनाने के बजाय जैसा होना चाहिए वैसा ही कार्य किया। पुस्तक **Unto This Last** ने उन्हें इस बात के लिए प्रभावित किया कि जीवन जीने के अनेक बेहतर और उत्तम तरीके मौजूद हैं। उन्होंने पुस्तक की केवल प्रशंसा ही नहीं की वरन् सरलता, सादगी एवं अहिंसा के मंत्र को जीवन में अंगीकार किया। गरीबी को अपनी आँखों से साक्षात् देखने के पश्चात गांधीजी ने गरीबों के प्रति मात्र सहानुभूति व्यक्त करने के बदले जीवन को उनके जितने नजदीक ले जा सकते थे, उतना ले गए। उनके जीवन

का यही आध्यात्मिक विकास था कि वे धोती-कुर्ता त्यागकर लंगोटीनुमा वस्त्रधारी बन गए।

यदि हमारा हर नागरिक अपनी अन्तरात्मा की पुकार सुनकर सही काम करने का आचरण अपने जीवन में अपना ले तो फिर देश में नैतिक मूल्यों की इतनी गिरावट कैसे रह पाएगी!

मुझे विश्वास है कि श्री जोशी की पुस्तक हमारे नागरिकों को सही कार्य करने की प्रेरणा देते हुए देश को भ्रष्टाचार के अभिशाप से मुक्त कराने में सहायता देगी तथा ऐसे नैतिक मूल्यों की स्थापना करेगी जिन पर हम गर्व कर सकें।

मैं श्री विजय जोशी की पहल का स्वागत करता हूँ तथा उन्हें उनके मिशन में सफलता की कामना करता हूँ। भारत इस पुस्तक से समृद्ध ही होगा।

(एस.एन. सुब्बाराव)

राष्ट्रीय एकता युवा कैंप
थलास्सेरी, केरल
दिनांक-15 मई, 2008

NATIONAL YOUTH PROJECT
राष्ट्रीय युवा योजना
221, DD Upadhyay Marg
New Delhi-110002

D. S.N. SUBBA RAO
DIRECTOR
Tel. : 23222329, Fax : 23236734
e-mail : nypinda@hotmail.com

Mahatma Gandhi and Management

Gurudev Rabindranath Tagore made a meaningful statement, "The greatest men are simple, even as the greatest Truths are." If one were to search for the secrets of how a simple village boy, who had never shown any signs of greatness in his youth, became so prominent that Prof. Eienstien would say that **generations to come would scarce believe that such a one as Gandhi ever lived on earth**, the simple revealation would be that Mahatma Gandhi was simple in life and thought.

Then he had his strongest weapon : TRUTH. Mahatma Gandhi did not only worship Truth, but he acted Truth. Truth is for action and action based on Truth leads to righteousness, which in turn results into human happiness.

Innumerable books have been written on Managment in recent times and so too, more and more authors have been writing books on Mahatma Gandhi. And yet, it needed the genius of a Vijay Joshi to write a book on the Gandhian Way of Management. It is a wonderful combination.

Even as Group General Manager in the Bharat Heavy Electricals Limited, Shri Vijay Joshi was original in thinking. He knew that a contented, happy and peace minded worker will turn out more than a disturbed mind. In fact, I came into close contact with Shri Joshi and his valued friend Shri Kasliwal not as General Manager of BHEL, but as organiser of Cultural Programmes. They took me to BHEL and got me inaugurate the Lecture series. I am sure their new vision would have enhanced the amount of production in BHEL.

Shri Vijay Joshi is becoming a popular writer of books on management. His other books have seen many editions on demand by readers. His new book will be in great demand, I hope.

During Mahatma Gandhi's times, there were many patriots in India and Gandhi was by no means the best orator of them. Sarojini Naidu spoke almost poetry, Pandit Jawaharlal Nehru's speeches were like music to the ears and Dr. Radhakrishnan's erudition was unparalleled. People admired their speeches. But when they listened to Gandhiji, they went home thinking that they must do what Gandhiji asked them to do.

And that was because, Gandhiji acted as dictated by his own conscience. When he saw a situation, his did not, as many others form an opinion, but acted as needed. When the book **'Unto This Last'** convinced him that there was a richer and nobler way of life, he did not merely appreciate the book, but adapted his life to fit into a simple, non violent life. When he saw poverty face to face, he did not just express sympathy for the poor, but adopted a life that was close to the life of the poor. It was a spiritual development in his life when he was changed from his elaborate 'dhoti-kurta' into a famous 'loin cloth' dress.

If citizens could inclucate the spirit of action according to the dictates of conscience, then how can there be so much moral turpitude in the nation?

I hope Joshiji's book will inspire our citizens to right action and help free India from the curse of corruption and set moral standards of which we could be proud.

I welcome Shri Vijay Joshi's initiative and wish him success in his mission. India will be richer by the book.

(S.N. Subba Rao)

National Integration Youth Camp
Thalassery, Kerala
May 15, 2008

विजय जोशी
VIJAY JOSHI

8/SECTOR-2, SHANTI NIKETAN
(NEAR CHETAK SETU)
BHOPAL–462 023

अपनी बात

द्वापर का एक बड़ा रोचक प्रसंग है। लौकिक जीवन के अन्तिम क्षणों में कृष्ण जब देह से विदेह हो रहे थे तो उनके स्मृतिपटल पर केवल राधा की छवि अंकित थी। अस्तु! उन्होंने अपने प्रिय बालसखा उद्धव को यह गुरुतर भार सौंपा कि उनके निर्वाण का समाचार उसी राधा तक पहुँचाएँ, जो उनकी सर्वाधिक प्रिय थी।

उद्धव भारी मन से किसी तरह चलकर सन्ध्याकाल गोकुल पहुँचे। उनकी सारी रात बगैर पलक झपके आँखों में कटी। रात के अन्तिम पहर यमुना में स्नान किया और भारी मन से जैसे-तैसे पूरा साहस जुटाते हुए जब वे राधा के समक्ष उपस्थित हुए तथा कृष्ण के धरा-त्याग का समाचार अवरुद्ध कंठ से सुनाया तो वह जोर से हँस उठी और कहा—कृष्ण और मृत्यु! हे उद्धव! यह कैसी अजीब-सी बात तुम कर रहे हो? तब तो बालसखा होकर भी तुमने कृष्ण को नहीं जाना! क्या तुम्हें गोकुल के कदम्ब, पेड़, पत्ते, कुसुम, लता व पक्षियों की चहचहाहट देखकर भी यह नहीं लगता कि कृष्ण तो इन सब में व्याप्त हैं? अरे, वे तो कण-कण में समाए हैं और जो ऐसा है, वह भला मृत्यु को कैसे प्राप्त हो सकता है?

इक्कीसवीं सदी में इस समग्र दर्शन का एकमात्र जीवन्त, जाग्रत तथा सार्थक उदाहरण केवल महात्मा गांधी का है। गांधी व्यक्ति नहीं,

विचार थे। एक ऐसा विचार, जो समूची मानवता को जीवन का नया दर्शन देकर प्रस्थान कर गया। वह बादलों में ढके सूर्य के समान कुछ समय के लिए दृष्टि से ओझल तो हो सकता है, किन्तु छुप नहीं सकता।

लेकिन अफसोस की बात तो यह है कि उनके विचारों को जीवन में अंगीकार करने के बजाय हमने उन्हें पोस्ट कार्ड और नोट पर छापकर अपने कर्तव्य की इतिश्री कर ली। चौराहों पर लगे बुतों को साल में एक बार धुलवाकर माला पहनाते हुए स्वयं को सच्चा देशभक्त व धन्य मान लिया। वर्ष के शेष दिन तो वे केवल पक्षियों के सखा बनकर रह गए।

हमारी त्रासदी यही है कि हम अच्छाई को अच्छाई मानते हुए उसका यशोगान तो करते हैं, लेकिन आचरण में उतारने से परहेज करते हैं। हमारी यही दोहरी मानसिकता आज ऊपर से साधन-सम्पन्न लेकिन अन्दर से खोखली व्यवस्था के लिए जिम्मेदार है।

सच्चे व अच्छे प्रबन्धन के क्षेत्र में गांधी से बड़ा कोई गुरु हो ही नहीं सकता। उनके जीवन के छोटे-छोटे उदाहरणों को लिपिबद्ध करने की एक विनम्र कोशिश इस पुस्तक के माध्यम से की गई है। इन सबमें नया कुछ भी नहीं है। पर वही प्रार्थना प्रतिदिन दुहराना मन को कम से कम शान्ति, सद्‌भाव व सहयोग का संदेश तो देती ही है।

गांधीजी के सहयोगी व सुप्रसिद्ध गांधीवादी विचारक श्री एस.एन. सुब्बारावजी ने, जिन्हें हम सब आदरपूर्वक भाईजी कहते हैं, इसकी प्रस्तावना लिखकर मुझ पर बहुत बड़ा उपकार किया है। मैंने गांधी को कभी नहीं देखा, पर वे कैसे सहज, सरल, तेजस्वी व ऊर्जावान रहे होंगे, इसका अन्दाजा भाईजी को देखकर सहज ही हो

जाता है। उनके प्रति मेरे मन में गहरी श्रद्धा है। उन्हें धन्यवाद दे सकने जैसा सामर्थ्य मुझमें नहीं है। मैं तो इन क्षणों में उनके प्रति आदर व सम्मान सहित केवल नतमस्तक हूँ।

बैंगलोर निवासी प्रोफेसर एन. कृष्णास्वामी के प्रति भी पूरे मन से आभार जिनकी पुस्तक **महात्मा** ने मेरा मार्गदर्शन किया।

गांधी की विचार-यात्रा के इस विनम्र प्रयास को यदि आपका स्नेहपूर्ण आशीर्वाद मिल सका तो यह मेरा परम सौभाग्य होगा। अस्तु,

सधन्यवाद

भवदीय

भोपाल

(विजय जोशी)

Council Member, Institution of Engineers (India)
Former Group General Manager, B.H.E.L., Bhopal

emaill : v.joshi 415@gmail.com Ph. : (0755)-2580887, (0)9826042641

पूजनीया गोलोकवासी दादी
बनारसी माय के प्रति

अनुक्रम

गांधी का ताबीज

मैं तुम्हें एक ताबीज देता हूँ। जब तुम्हें दुविधा हो या तुम्हारा अहम् तुम पर चढ़कर बोले, तो इसका अभ्यास करो :

अपने मन-मस्तिष्क में स्वयं द्वारा अब तक देखे गए सबसे निर्धन व असहाय व्यक्ति की छवि को निहारो और फिर स्वयं से पूछो कि जो कार्य मैं करने जा रहा हूँ :

* क्या इससे उसको कुछ प्राप्त होगा या उसका कुछ फायदा होगा?
* क्या इससे उसे अपनी नियति और जीवन को नियंत्रित करने की शक्ति प्राप्त होगी?
* क्या इससे स्वराज्य सुलभ होगा अथवा देश के लाखों शारीरिक और आध्यात्मिक रूप से भूखे लोगों की स्वतंत्रता की शर्त पूरी होगी?

तब तुम पाओगे कि तुम्हारी दुविधा या शंका तुम्हारे अहम् के साथ खुद-ब-खुद तिरोहित हो जाएगी और तुम्हें असीम सुख तथा आत्मसन्तोष की प्राप्ति होगी।

सफल प्रबन्धन : गांधी दर्शन

Mahatma and Management

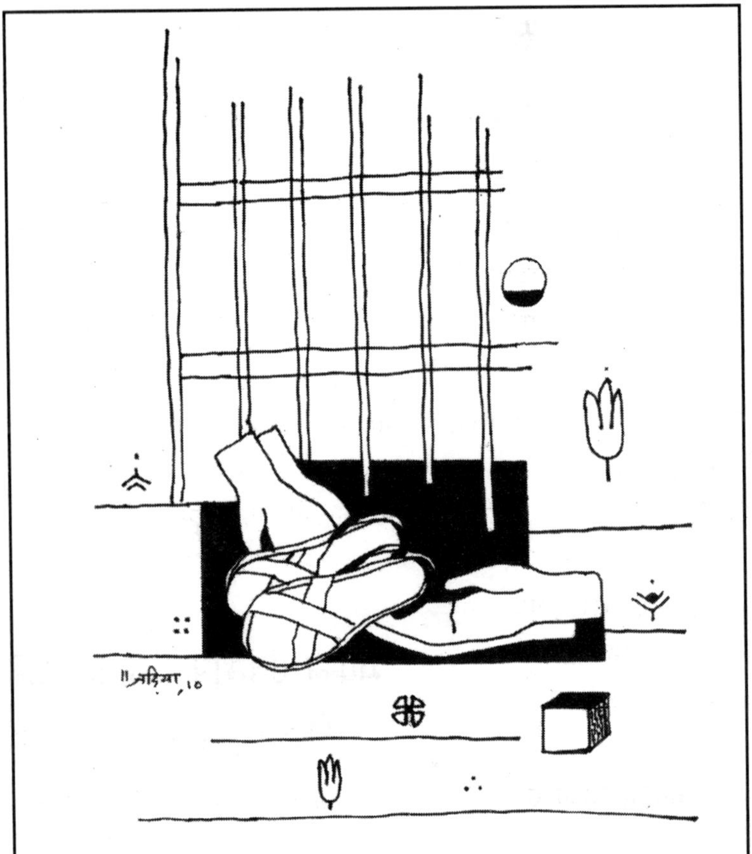

वस्तुतः हम जितने धैर्यवान और नम्र बनते हैं भीतर से उतनी ही सात्विक दृढ़ता पैदा होती है जो महान कार्यों के लिए प्रेरित करती है।

सहनशीलता रखें साथ

(Keep Patience Within)

सहनशीलता, क्षमा, सरलता, सज्जनता इत्यादि वे गुण हैं जो न केवल समाज, सहयोगियों व सहकर्मियों के बीच आपकी स्वीकार्यता बढ़ाते हैं बल्कि भावी जीवन के मार्ग में आपकी सफलता भी सुनिश्चित करते हैं। सहनशील व्यक्ति का मन सागर जैसी गहराई व अथाह शान्ति से भरपूर होता है। दरअसल सहनशीलता का अभाव या क्रोध तो पराजय या पतन के मार्ग पर पहला कदम है, जिस पर एक बार आप फिसले तो फिर फिसलते ही चले जाते हैं। याद रखें चढ़ाई कठिनाईपूर्ण हो सकती है तथा फिसलन प्रलोभनपूर्ण, सरल तथा सहज, लेकिन उसमें लौट पाने की गुंजाइश शेष नहीं रह जाती। तय आपको अपने विवेक से करना है कि आप धैर्यहीनता के पथ के राहगीर बनते हैं या सहनशीलता एवं सज्जनता के।

महात्मा गांधी उन दिनों दक्षिण अफ्रीका में थे। अपने आन्दोलन के कारण उन्हें प्रायः ब्रिटिश सरकार के दमन का शिकार होना पड़ता था, किन्तु वे हिम्मत न हारते हुए पुनः अपने कार्य में जुट जाते थे। दक्षिण अफ्रीका का तानाशाह जनरल स्मट्स गांधीजी पर अत्यधिक क्रोधित रहता था ताकि गांधीजी का मनोबल टूट जाए और वे अपने आन्दोलन को बंद कर दें। इसलिए वह उन्हें छोटी-छोटी बात पर जेल भेज दिया करता था। वह सोचता था कि जेल के कठोर जीवन

से घबराकर गांधीजी हथियार डाल देंगे, लेकिन गांधीजी जेल में भी उसी निर्विकार भाव से रहते थे जैसे जेल के बाहर। उन्होंने जेल में रहते हुए एक कैदी से जूते बनाना सीखा। जब गांधीजी को जेल से रिहा किया गया तो उन्होंने जनरल स्मट्स से मुलाकात की और उन्हें एक पैकेट उपहार में दिया। जनरल स्मट्स ने उपहास करते हुए कहा—क्या इसमें बम है?

गांधीजी बोले—"यह मेरी ओर से आपको मेरी विदाई का उपहार है।" जनरल स्मट्स उस पैकेट में से निकले सैंडिल के जोड़े को देखकर दंग रह गए, जो गांधीजी ने अपने हाथों से बनाए थे।

वर्षों बाद गांधीजी के जन्मदिन पर जनरल ने उन्हें एक पत्र भेजा जिसमें लिखा था कि आपके द्वारा बनाए गए उन सैंडिलों को मैंने गर्मियों में पहना, परन्तु मैं लगातार यह सोचता रहा कि मैं उन्हें पहनने का सही पात्र हूँ या नहीं।

यह थी सहनशीलता और विनम्रता की ताकत जिसने जनरल स्मट्स जैसे क्रूर शासक को भी पराजित कर दिया।

उपरोक्त दृष्टान्त से स्पष्ट है कि नकारात्मकता पर सहनशीलता भारी पड़ती है। बड़ी से बड़ी दुर्भावना भी आपके सद्व्यवहार के समक्ष घुटने टेक देती है। सामनेवाले का सारा अहंकार आपके अच्छे और सुरुचिपूर्ण व्यवहार के समक्ष नतमस्तक हो जाता है और तब आप हो जाते हैं एक सौम्य व सरल लीडर, जबकि सामनेवाला आपका अनुगामी अर्थात फालोअर।

वस्तुतः हम जितने धैर्यवान और नम्र बनते हैं भीतर से उतनी ही सात्विक दृढ़ता पैदा होती है, जो महान कार्यों के लिए प्रेरित करती है।

"किसी गुल से लिपटी हुई तितली को हटाकर
देखो आँधियों तुमने दरख्तों को गिराया होगा।"

गांधीजी के मूल सिद्धान्त

यदि संसार में परिवर्तन देखना चाहते हो तो पहले स्वयं में परिवर्तन करो।

You must be the change, you want to see in the world.

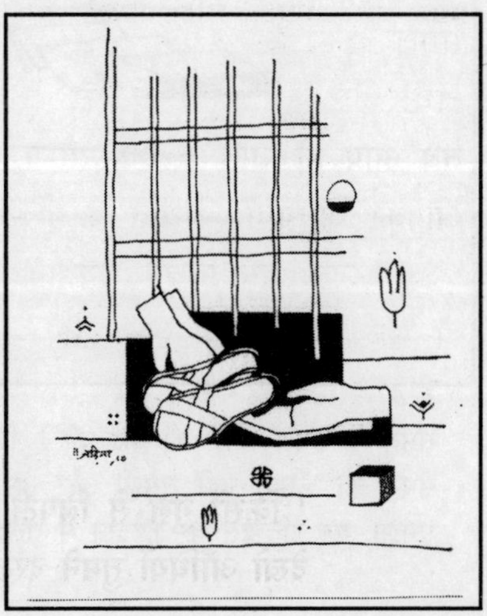

यह थी सहनशीलता और विनम्रता की ताकत जिसने जनरल स्मट्स जैसे क्रूर शासक को भी पराजित कर दिया।

समय ने केवल उन्हीं की कद्र की है जिन्होंने समय की कद्र की है। जिसने समय की कीमत नहीं समझी और उसके प्रति सम्मान की भावना को नहीं समझा, वह इतिहास के कूड़ेदान में चला गया।

समय की समझ

(Sense of Time)

जीवन में हमें प्राप्त समय सीमित व मूल्यवान है। समय की थाती के साथ ही ईश्वर ने मनुष्य को इस धरती पर भेजा है तथा वह पैनी नजर के साथ हमारे कर्मों का अवलोकन तथा विश्लेषण कर रहा है। घड़ी की टिक-टिक के साथ हर पल समय की रेत हमारे हाथ से फिसल रही है। समय के बैंक में हमारी निधि से भुगतान या डेबिट एंट्री लगातार चल रही है। अब यह हमारी बुद्धि और विवेक पर निर्भर करता है कि हम उपलब्ध समय का सदुपयोग करते हैं या दुरुपयोग।

याद रखिए, जीवन एक रंगमंच मात्र है, जिसकी डोर उस ऊपरवाले के हाथ में है। हमारी हर गतिविधि व क्रिया को असंख्य लोगों द्वारा लगातार देखा जा रहा है। समय के साथ पर्दा गिर जाएगा और शेष रह जाएगा केवल हमारे कर्मों का लेखा-जोखा।

इसलिए समय की कीमत और समझ के महत्त्व को निजी व सामाजिक जीवन में समझा जाना केवल आवश्यक ही नहीं अपितु अनिवार्य भी है। महात्मा गांधी की दिनचर्या में लोगों से प्रतिदिन भेंट करना शामिल था। वे समाज के हर वर्ग से मिलते थे। प्रत्येक सामाजिक, राजनीतिक, धार्मिक संस्था के सदस्यों को समय देते थे और यथासम्भव लोगों की अपेक्षाओं को पूर्ण करते थे।

एक दिन किसी सार्वजनिक संस्था के दो सदस्य गांधीजी के पास पहुँचे। उस समय गांधीजी कुछ लोगों के साथ चर्चा में थे। इसलिए इन दोनों ने प्रतीक्षा की। कुछ देर बाद जब गांधीजी ने इन्हें बुलाया तो ये दोनों अन्दर पहुँचे। दोनों ने गांधीजी को प्रणाम किया और जिस विषय पर चर्चा करनी थी वह शुरू कर दी।

गांधीजी ने उनकी बात शान्ति से सुनी। उन्हें यह एहसास हुआ कि यह काम तो एक व्यक्ति से भी पूरा हो जाता। उन्होंने उनमें से एक को वापस लौट जाने का सुझाव देते हुए कहा–"आप दोनों में से एक के आने पर ही यह काम हो जाता। जनता के एक भी पैसे का अपव्यय नहीं होना चाहिए। इसलिए आप में से कोई भी एक लौट जाए।"

यह सुनकर उनमें से एक बोला–"अब आ ही गए हैं तो दोनों साथ ही चले जाएँगे। व्यय तो तब भी उतना ही होना है।"

तब गांधीजी ने कहा–"अपव्यय केवल द्रव्य का ही नहीं बल्कि समय का भी नहीं करना चाहिए, क्योंकि धन तो कीमती है ही समय तो उससे भी अधिक कीमती है।" गांधीजी के ये विचार समय की महत्ता को रेखांकित करते हैं।

याद रखें, समय ने केवल उन्हीं की कद्र की है जिन्होंने समय की कद्र की है। जिसने समय की कीमत नहीं समझी और उसके प्रति सम्मान की भावना को नहीं समझा, वह इतिहास के कूड़ेदान में चला गया। समय के प्रति समझ व मितव्ययिता के साथ उपयोग न केवल आपकी उत्पादकता में अभिवृद्धि करता है, बल्कि आपके आत्मविश्वास में बढ़ोतरी करते हुए सहयोगियों में आपके प्रति सम्मान की भावना भी विकसित करता है। आपकी सफलता को सुनिश्चित करते हुए आपके व्यक्तित्व को नित नई ऊँचाई प्रदान करता है–

समय घट बीत रहा
सोचो क्या रित रहा
सोचा था आया हूँ कल
और रहूँगा अविरल
पर अब पछताना कैसा
जब सब कुछ गया निकल।

गांधीजी के मूल सिद्धान्त

प्रसन्नता इस बात पर निर्भर करती है कि आप भावनात्मक तालमेल हेतु कब क्या सोचते हैं, क्या कहते हैं और क्या करते हैं।
Happiness is when what you think, what you say and what you do in harmony.

समय की कीमत और समझ के महत्त्व को निजी व सामाजिक जीवन में समझा जाना केवल आवश्यक ही नहीं अपितु अनिवार्य भी है।

याद रखिए, व्यसन कोई भी हो आदमी का भला कभी नहीं करता। यह तो उसे पतन के मार्ग पर ले जाते हुए अन्त में उसके विनाश का कारण बनता है।

व्यसनों को करें विदा
(Do Away with Addictions)

ईश्वर की रचना बड़ी विचित्र किन्तु सारगर्भित है। अपनी सर्वश्रेष्ठ कृति मनुष्य को धरती पर भेजते समय ईश्वर ने उसे प्रलोभनों के मध्य स्थापित भी कर दिया विवेक की निधि के साथ। मात्र यह देखने के लिए कि उन सबके बीच वह बुद्धि का सही उपयोग करते हुए अपने जीवन को सार्थक करता है या प्रलोभनों का दास होकर अपना अलभ्य जीवन खुद बर्बाद कर लेता है।

प्रलोभनों की श्रेणी में सबसे बड़ा व्यसन है मदिरापान। इसके अधीन होकर किसी को कभी बनते नहीं देखा गया। यह पतन के मार्ग पर पुरुष का प्रवेश-द्वार है।

वैसे भी मनुष्य व पशु में एक मात्र अन्तर केवल बुद्धि का है जो ईश्वर द्वारा मनुष्य को उपहार में पूरी उदारता के साथ प्रदान की गई है। इसी के उचित उपयोग से वह न केवल अपना और परिवार का भला करता है बल्कि समाज व देशहित में काम करते हुए धरती पर अपने आगमन की प्रासंगिकता को भी सार्थक करता है

गांधीजी के पास एक दिन एक मदिराप्रेमी युवक आया और हाथ जोड़कर प्रार्थना करने लगा–''मैं बड़ा परेशान हूँ बापू। यह मदिरा मेरा पीछा ही नहीं छोड़ती। आप कोई उपाय बताइए जिससे मुझे पीने की इस लत से मुक्ति मिल सके।''

गांधीजी ने कुछ देर तक सोचा और फिर बोले–"अच्छा बेटा तुम कल मेरे पास आना और मुझे बाहर से ही आवाज देकर बुलाना, मैं आ जाऊँगा।"

युवक खुश होकर चला गया। अगले दिन वह पुनः आया और उनके कहे अनुसार उन्हें बाहर से आवाज लगाई।

तभी भीतर से गांधीजी बोले–"बेटा मैं बाहर नहीं आ सकता।"

युवक ने बाहर से ही पूछा–"क्यों? ऐसा क्या हो गया कि आप बाहर नहीं आ सकते।"

गांधीजी ने उत्तर दिया–"यह खम्बा मुझे पकड़े हुए है। मैं बाहर कैसे आऊँ।"

यह विचित्र बात सुनकर उस युवक ने भीतर झाँका तो देखा बापू स्वयं ही उस खम्बे को पकड़े खड़े हुए हैं।

"बापू जब आप इसे छोड़ेंगे तभी तो खम्बे से अलग होंगे न।"

उसकी बात सुनकर गांधीजी ने कहा–"यही तो मैं तुम्हें समझाना चाहता हूँ कि मदिरा भी छूट सकती है, किन्तु तुम उसे छोड़ना नहीं चाहते। जब तुम मदिरा को छोड़ दोगे तो वो भी तुम्हें छोड़ देगी।"

उस दिन के बाद उस व्यक्ति ने मदिरा को कभी हाथ भी नहीं लगाया।

याद रखिए व्यसन कोई भी हो आदमी का भला कभी नहीं करता। यह तो उसे पतन के मार्ग पर ले जाते हुए अन्त में उसके विनाश का कारण बनता है।

इससे निजात पाने के केवल दो ही उपाय हैं। पहला तो यह कि इसके दाँव में आया ही न जाए और दूसरा यह कि गलती से कभी आ भी जाएँ तो उससे तुरन्त छुटकारा पा लिया जाए। इसके लिए कुछ अधिक करना भी नहीं पड़ेगा। दृढ़ इच्छाशक्ति के बल पर इससे आसानी से छुटकारा पाया जा सकता है। दरअसल इच्छा

शक्ति तो हमारे मन व मस्तिष्क में होती है। एक बार मानसिकता सकारात्मक हो जाए तो कुछ भी असम्भव नहीं। भीष्म ने इसी के बल पर अपनी मृत्यु तक को टाल दिया था एवं शर-शय्या पर लेटे रहकर सूर्य के उत्तरायण होने तक पूरी एकाग्रता के साथ जीवित रहे।

यदि व्यक्ति स्वयं अपनी अनुचित प्रवृत्तियों से मुक्त होना चाहे और इसके लिए मन मजबूत कर संकल्पित हो जाए तो दुनिया की कोई भी ताकत उसे सद्मार्ग पर चलने से नहीं रोक सकती।

गांधीजी के मूल सिद्धान्त

पहले वे आपकी उपेक्षा करेंगे, फिर आप पर हँसेंगे, फिर आपसे झगड़ा करेंगे और तब आप जीत जाएँगे।

First they ignore you, they they laugh at you, then they fight you and then you win.

प्रलोभनों की श्रेणी में सबसे बड़ा व्यसन है मदिरापान। इसके अधीन होकर किसी को कभी बनते नहीं देखा गया।

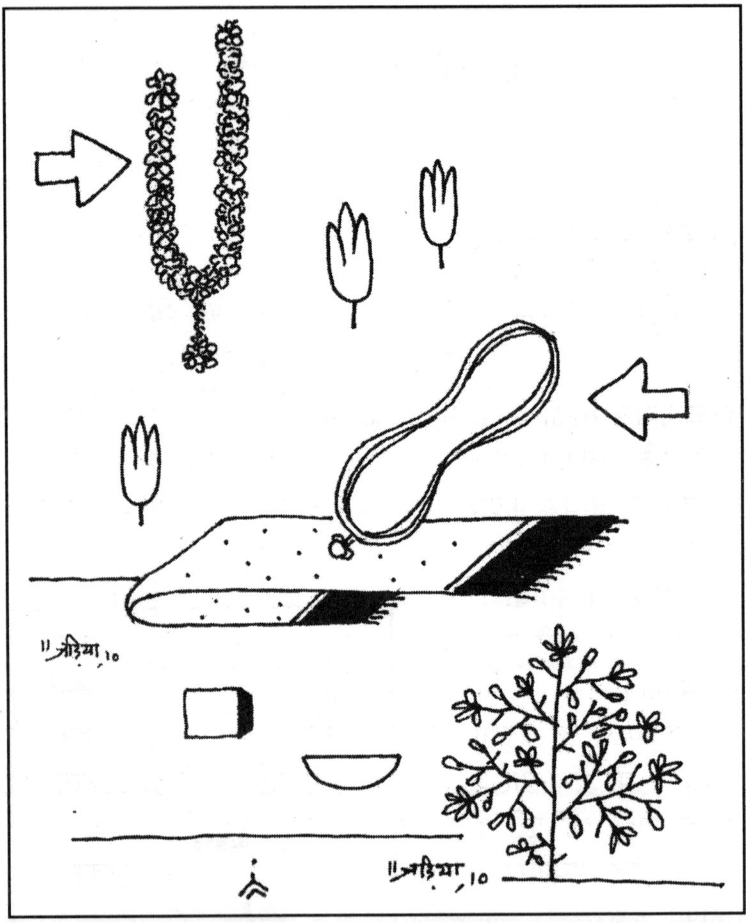

पर्यावरण तो प्रकृति की वह अनमोल विरासत है जो हमें पूरी सावधानी के साथ सहेजते, सँवारते तथा उसमें अभिवृद्धि करते हुए अगली पीढ़ी को पूरी ईमानदारी के साथ सौंपनी है।

प्रकृति से करें प्यार
(Love the Nature)

प्रकृति इनसान के लिए मातृरूपेण है। इसी से उसका जन्म हुआ है। इसी में अन्ततः वह विलीन हो जाता है। उसका सम्पूर्ण जीवन भी प्रकृति के सान्निध्य में ही बीतता है।

प्रकृति हर कदम पर उसका साथ देती है। उसकी सुरक्षा करती है तथा उसके जीवन को खुशहाल बनाती है। और जब प्रकृति उसका इतना ख्याल रखती है तो मनुष्य का भी धर्म है कि उसका उतना ही ध्यान रखे। लेकिन अफसोस इनसान की फितरत उपकार मानने के बजाय और अधिक फायदा उठाने की या स्पष्ट कहें तो शोषण करने की है।

आज की पर्यावरण सम्बन्धी सभी समस्याओं के मूल में मानव का यही क्रम जारी रहा तो यह उसके खुद के विनाश का कारण भी बनेगी।

पर्यावरण तो प्रकृति की वह अनमोल विरासत है जो हमें पूरी सावधानी के साथ सहेजते, सँवारते तथा उसमें अभिवृद्धि करते हुए अगली पीढ़ी को पूरी ईमानदारी के साथ सौंपनी है।

गांधीजी पर्यावरण संरक्षण के मामले में पूरी तरह सतर्क तथा समर्पित थे।

वे प्रायः देश के अलग-अलग हिस्सों में विभिन्न विषयों पर व्याख्यान देने जाया करते थे। उनके इन व्याख्यानों में जीवन का सार होता था और लोग उनसे प्रेरणा लेकर स्वयं में सुधार करते

थे। एक बार किसी गाँव के प्रधान गांधीजी को अपने गाँव में भाषण देने के वास्ते आमंत्रित करने आए। गांधीजी ने उनके आग्रह को स्वीकार कर लिया और आने की तारीख तय कर दी। जब गांधीजी तय दिन गाँव पहुँचे तो सम्पूर्ण गाँव उनके स्वागत में उमड़ पड़ा। गांधीजी ने देखा कि ग्रामवासियों ने उन्हें पहनाने के लिए पुष्पों की बड़ी-बड़ी मालाएँ तैयार कर रखी थीं।

जब गांधीजी ने बोलना आरम्भ किया तो पहली ही बात उन्होंने यह कही–"यदि आप लोग पुष्पहारों के स्थान पर सूत का बना हार मुझे पहनाते तो मुझे बहुत प्रसन्नता होती क्योंकि सूत से बाद में वस्त्र तो बन सकते थे, जबकि पुष्प व्यर्थ चले जाएँगे। इनकी शोभा तो वृक्षों के संग ही होती है। वृक्षों पर रहकर ही ये सुगन्ध व सुन्दरता से मन को हरते हैं। इनको तोड़ना कदापि उचित नहीं है। पुष्पों को तोड़ना सूक्ष्म हिंसा है।"

गांधीजी के यह विचार आज और अधिक प्रासंगिक हैं, क्योंकि पृथ्वी का तापमान निरन्तर बढ़ रहा है। इसके दुष्परिणाम भी सामने आ रहे हैं और भविष्य खतरे में है। ऐसे में प्रकृति के प्रति अधिक संवेदनशील रवैया अपनाने की आवश्यकता है। यदि हम प्रकृति को बचाएँगे तो वह हमारी रक्षा करेगी और यदि हम उसके प्रति लापरवाह होंगे तो मानव जीवन संकट में पड़ जाएगा।

याद रखें फूल प्रकृति की वह अनुपम सौगात है जो अपने सौन्दर्य और सुगन्ध द्वारा पूरे परिवेश को खुशनुमा तथा खुशहाल रखते हैं। ऐसे में 'सर्वजन सुखाय सर्वजन हिताय' के बगैर किसी एक के हित हेतु उसे बेदर्दी से तोड़कर भेंट करना जघन्य अपराध है।

गांधीजी ने सूत की माला की भेंट की स्वीकृति देकर प्रकृति के संरक्षण के साथ ही स्वावलम्बन तथा आत्मनिर्भरता का संदेश भी समाज को दिया। आज भी आप देखेंगे कि गांधीवादी संस्थाओं के समस्त आयोजनों में फूलों की मालाएँ वर्जित हैं। एक बात और मेरे अपने कुछ मित्रों ने पूरे देश में 'बुके नहीं बुक दीजिए' का अभियान

आरम्भ किया है। फूल टहनी पर ही अधिक सुन्दर लगते हैं तथा सबको सुख देते हैं। पुस्तकें ज्ञान का भंडार होती हैं तथा केवल सम्बन्धित व्यक्ति ही नहीं वरन् इष्ट मित्रों सहित सभी को ज्ञान का लाभ भी प्रदान करती हैं। पर्यावरण के सन्दर्भ में तो गांधीजी के विचार आज और भी अधिक प्रासंगिक हैं–

"धरती के बढ़ते तापमान के परिप्रेक्ष्य में।"

प्रकृति से छेड़छाड़ के दुष्परिणाम सामने आ रहे हैं, भविष्य खतरे में है। ऐसे में प्रकृति के प्रति अत्यधिक संवेदनशील रवैया अपनाने की महती आवश्यकता है। यदि हम प्रकृति को बचा पाए तभी तो वह हमारी रक्षा कर पाएगी और यदि उसके प्रति हमारी मानसिकता लापरवाही की रही तो धरती पर मानव का जीवन ही संकट में पड़ जाएगा।

गांधीजी के मूल सिद्धान्त

धरती पर हर मनुष्य की आवश्यकता हेतु अपार है, किन्तु लालच हेतु अल्प।

Earth provides enough to satisfy every man's need, but not every man's greed.

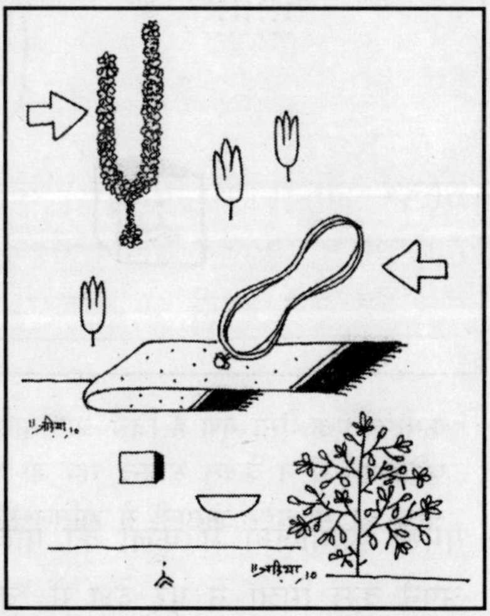

गांधीजी ने सूत की माला की भेंट की स्वीकृति देकर प्रकृति के संरक्षण के साथ ही स्वावलम्बन तथा आत्मनिर्भरता का सन्देश भी समाज को दिया।

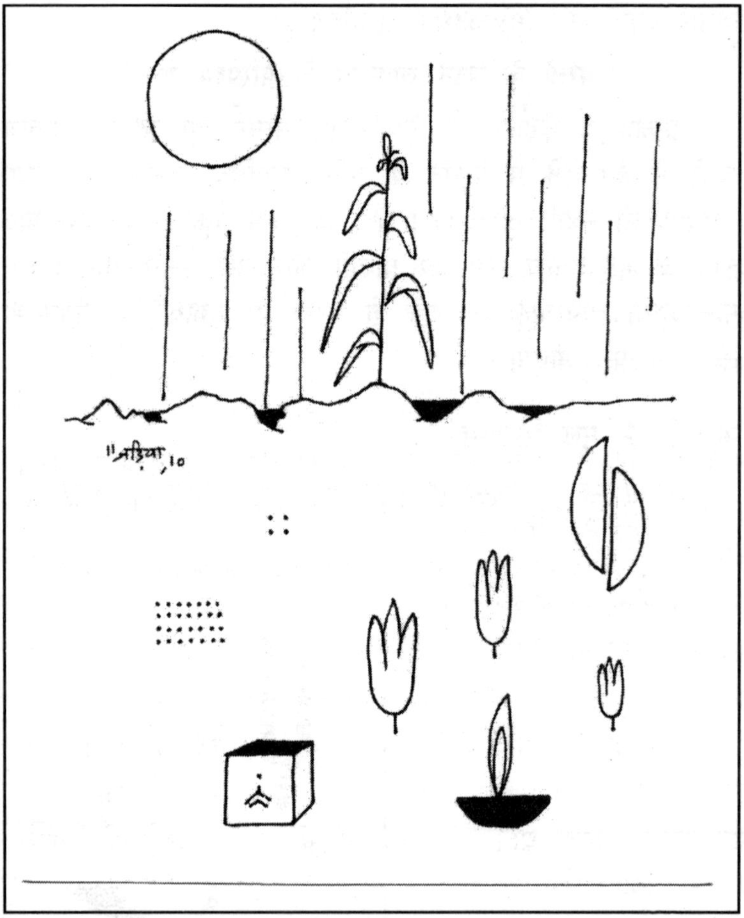

कर्मठता एक ऐसा गुण है जिसे आत्मसात् कर लिया जाए तो कठिन से कठिन परिस्थिति में न केवल सानन्द रहा जा सकता है, बल्कि मुश्किल से मुश्किल लक्ष्य को भी बड़ी आसानी से हासिल किया जा सकता है।

कर्मठता हो काम में
(Diligence in Work)

कर्मठता एक ऐसा गुण है जिसे आत्मसात कर लिया जाए तो कठिन से कठिन परिस्थिति में न केवल सानन्द रहा जा सकता है, बल्कि मुश्किल से मुश्किल लक्ष्य को भी बड़ी आसानी से हासिल किया जा सकता है। काम न केवल आदमी की रोजी-रोटी का जरिया है वरन् इसी के सहारे वह बाइबिल में वर्णित कहावत–'हे ईश्वर मुझे आज की रोटी देना' के प्रति भी न्याय कर पाता है। अकर्मण्य पुरुष न तो घर, न ही समाज में कोई सम्मान पाता है। जीवन के किसी भी क्षेत्र में कर्मठता या कड़ी मेहनत का मूल मंत्र धारण कर सफलता की नित नई सीढ़ी चढ़ते हुए शीर्ष पर आसानी से पहुँचा जा सकता है। ऐसे में शीर्ष तक पहुँच पानेवाला व्यक्ति न केवल सम्मान की दृष्टि से देखा जाता है बल्कि सहयोगी भी उसका अनुसरण करने लगते हैं।

गांधीजी एक छोटे से गाँव में पहुँचे तो उनके दर्शन के लिए लोगों की अपार भीड़ उमड़ पड़ी। हर व्यक्ति उन्हें देखना और उनसे बात करना चाहता था। गांधीजी स्वयं भी सहज, सरल और स्नेही थे। सो उन्होंने सभी से प्रेमपूर्वक वार्तालाप किया। तत्पश्चात भोजन व विश्राम हुआ।

जब शाम को गांधीजी गाँव की चौपाल पर बैठे तो उन्होंने ग्रामीणों से प्रश्न किया–"इन दिनों आप कौन सा अन्न बो रहे हैं और किस अन्न की कटाई कर रहे हैं?"

लोगों के समूह में से एक वृद्ध उठकर खड़ा हुआ और गांधीजी को प्रणाम करके बोला–"आप तो अत्यन्त ज्ञानी हैं, क्या आप नहीं जानते कि ज्येष्ठ मास में खेतों में कोई फसल नहीं होती। अतः बोने काटने का प्रश्न ही निरर्थक है। इन दिनों हम खाली रहते हैं।"

गांधीजी ने पुनः पूछा–"जब फसल बोने व काटने का समय होता है तब क्या आप लोगों के पास बिल्कुल भी समय नहीं होता?"

वृद्ध बोला–"उस समय तो रोटी खाने का भी समय नहीं होता।"

तब गांधीजी ने कहा–"तो इस समय तुम लोग बिलकुल निठल्ले हो और सिर्फ गप्पें हाँक रहे हो। यदि तुम चाहो तो इस समय भी कुछ बो और काट सकते हो।"

ग्रामीणों ने उनसे इस बात को स्पष्ट करने का आग्रह किया।

तब गांधीजी बोले–"आप लोग ऐसा कर सकते हैं : कर्म की बुवाई और आदत की कटाई। आदत की बुवाई और चरित्र की कटाई। चरित्र की बुवाई और भाग्य की कटाई। तभी आपका जीवन सार्थक होगा।" ग्रामीणों ने उनकी बात का पालन किया और उनका जीवन सुखी हो गया।

कहा गया है श्रम से बड़ा कोई कर्म नहीं और सेवा से बड़ा कोई धर्म नहीं।

यही तो हमारे धर्मग्रन्थों का सार है–योगः कर्मसु कौशलम तथा अहर्निषं सेवामहे।

इसे अपनाकर आप न सिर्फ सबका भला चाहते हुए उनको सुखी करते हैं अपितु रचनात्मकता को अंगीकार करते हुए खुद भी सुख पाते हैं। इसीलिए भारतीय दर्शन में कहा गया है–

"सर्वे भवन्तु सुखिनः
सर्वे सन्तु निरामया
सर्वे भद्राणि पश्यंतु
मा कश्चित् दुखभाग्वेत्।"

परम्परा व संस्कार की यह सौगात हमें विरासत में प्राप्त है और हमें मात्र इतना करना है कि सत्य के इस मार्ग पर चलकर चरित्र को सुदृढ़ करने का जो अलभ्य अवसर सहज रूप से उपलब्ध है उसका भरपूर उपयोग करते हुए हम जीवन को सफल करें!

संक्षेप में यह कि कर्मठता से चरित्र उज्ज्वल बनता है और उज्ज्वल चरित्र से सुखद भविष्य का निर्माण होता है।

गांधीजी के मूल सिद्धान्त

शक्ति शारीरिक संरचना से नहीं वरन् दृढ़ इच्छाशक्ति से प्राप्त होती है।

Strength does not come from physical capacity. It comes from the indomitable will.

कहा गया है श्रम से बड़ा कोई कर्म नहीं और सेवा से बड़ा कोई धर्म नहीं।

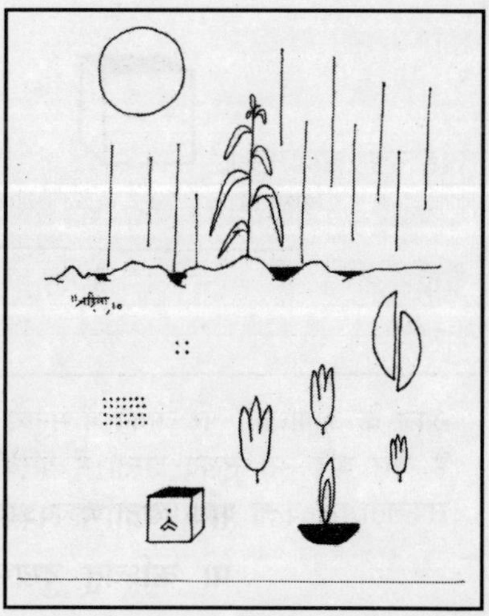

आज के आपाधापी भरे जीवन में मनुष्य को हर कदम पर परीक्षा देनी पड़ती है और यदि उसे सुखद दास्ताँ में परिवर्तित करना है तो फिर सामंजस्य से सफलता की कला को सीखना बेहद आवश्यक है।

सामंजस्य से सफलता

(Success with Cohesion)

सामंजस्य जैसा कि नाम से ही स्पष्ट है, दो विपरीत ध्रुवों या परिस्थितियों के बीच चतुराईपूर्वक तालमेल बैठाते हुए सफलता प्राप्त करने का शर्तिया फॉर्मूला या सरल मंत्र है।

यह कार्य इतना आसान भी नहीं जैसा कि कई बार समझ लिया जाता है, लेकिन उतना कठिन भी नहीं कि हल न पाया जा सके। इसके लिए आवश्यकता है, केवल थोड़ी सी बुद्धि, थोड़ी चतुराई, थोड़े से धैर्य तथा थोड़ा खुद के अहम् को तिरोहित या विसर्जित करते हुए सामने वाले को सम्मान प्रदान की कला की।

एक मशहूर कहावत है :

''जिन्दगी है एक मुसल्लम इम्तिहाँ पर इम्तिहाँ
जिन्दगी को दास्ताँ ही दास्ताँ समझा था मैं।''

यह सही है, कि आज के आपाधापी भरे जीवन में मनुष्य को हर कदम पर परीक्षा देनी पड़ती है और यदि उसे सुखद दास्ताँ में परिवर्तित करना है तो फिर सामंजस्य से सफलता की कला को सीखना बेहद आवश्यक है।

वर्ष 1896 में गांधीजी दक्षिण अफ्रीका से लौटे थे। वहाँ पर भारतीय आप्रवासियों की दशा व वेदना पर भारतीय जनमानस का ध्यान आकर्षित करने के लिए उन्होंने एक आम सभा आयोजित

करने का निर्णय लिया और सबसे पहले लोकमान्य तिलक के पास जाकर उन्हें अपने-अपने प्रयोजन से अवगत कराया।

तिलक ने कहा–"कभी गोपाल कृष्ण गोखले से मिले हैं?"

गांधीजी ने कहा–"मैंने उनके बारे में सुना है।"

तब तिलक ने कहा–"हमारी संस्था का नाम सार्वजनिक सभा है तथा गोखले की संस्था को डेक्कन सभा बुलाते हैं। अपनी सभा में यदि तुमने सार्वजनिक सभा के व्यक्ति को अध्यक्ष बनाया तो डेक्कन सभा के व्यक्ति उसमें भाग नहीं लेंगे और इसके विपरीत यदि डेक्कन सभा के आदमी को अध्यक्ष बनाया तो फिर हमारे आदमी उसमें नहीं पहुँचेंगे।"

समस्या गहन तथा विकट थी। तब आपसी विचार-विमर्श द्वारा महात्मा गांधी ने प्रोफेसर भंडारकर जो दोनों से सम्बन्धित नहीं थे उन्हें अध्यक्षता हेतु प्रस्तावित किया तथा इस प्रस्ताव के साथ ही गोखले से भेंट की।

गोपाल कृष्ण गोखले गांधीजी के इस बुद्धिमत्तापूर्ण सुझाव से प्रभावित हुए तथा दोनों ने एक दूसरे को पसन्द भी किया।

उन दोनों के बीच सम्बन्धों का एक ऐसा सेतु बना जो आजीवन कायम रहा। गांधीजी ने कहा कि आदरणीय गोखलेजी मेरे राजनैतिक गुरु हैं तथा उनके देहावसान के पश्चात उनके व्यक्तित्व पर एक पुस्तक भी लिखी।

संक्षेप में यह कि गोपाल कृष्ण गोखले ने भी सभा को समर्थन दिया। प्रोफेसर भंडारकर की अध्यक्षता में विशाल आम सभा सफलतापूर्वक सम्पन्न हुई क्योंकि उसे सब वर्गों का समर्थन प्राप्त था।

सफलता की राह पर सामंजस्य ही वह एकमात्र सूत्र है जो आपकी व्यक्तिगत सम्बन्धों को निभाने की कला को धार प्रदान करते हुए जटिल समस्या को पूरी तरह सुलझा पाने की क्षमता व सामर्थ्य प्रदान करता है।

यह आपके अन्तस में रिश्तों को पूरी ईमानदारी के साथ संवेदनापूर्वक जीने की विधा का विकास करता है। जैसे-जैसे जीवन में आप आगे बढ़ते जाते हैं उसी के अनुपात में इस कला का विकास भी आवश्यक होता जाता है, क्योंकि तब आपको अधिकाधिक लोगों के साथ निर्वाह करना पड़ता है। और वे सभी एक जैसे ही विचार व्यवहार व आदत वाले होंगे यह कतई सम्भव नहीं।

गांधीजी के मूल सिद्धान्त

कमजोर कभी क्षमा नहीं कर सकता, यह तो वीरोचित गुण है।
The weak can never forgive, forgiveness is the attribute of the strong.

सफलता की राह पर सामंजस्य ही वह एकमात्र सूत्र है जो आपकी व्यक्तिगत सम्बन्धों को निभाने की कला को धार प्रदान करते हुए जटिल समस्या को पूरी तरह सुलझा पाने की क्षमता व सामर्थ्य प्रदान करता है।

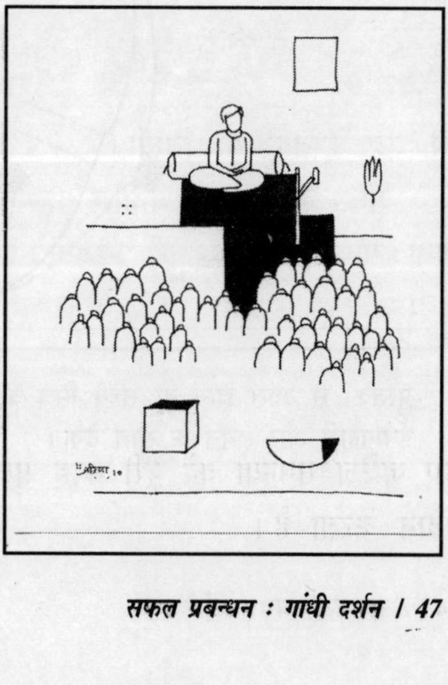

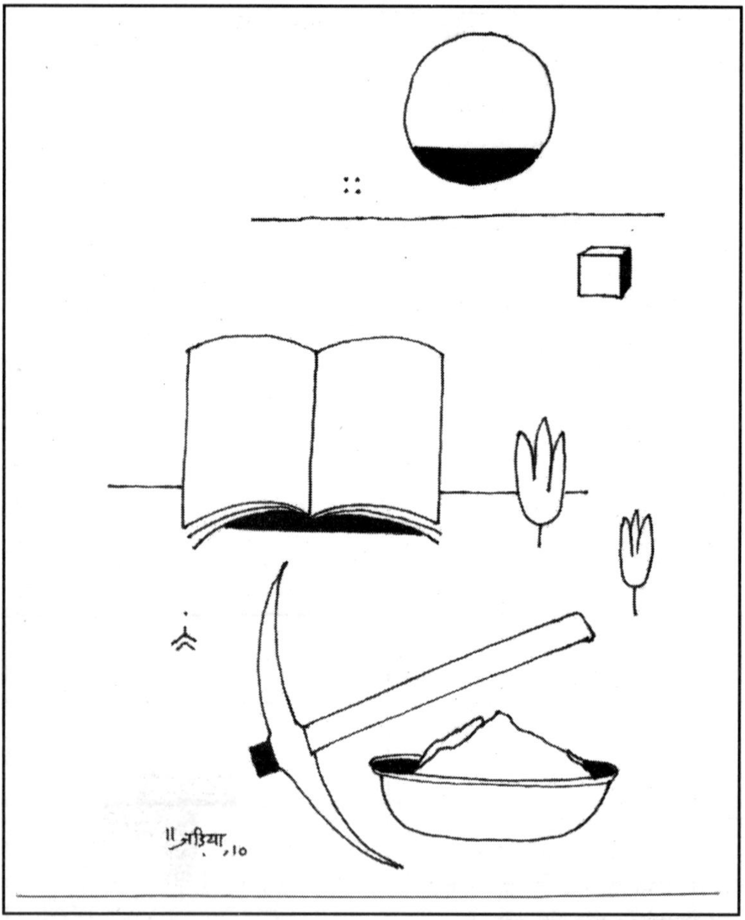

पुस्तकों से प्राप्त ज्ञान तो सच्चे मित्र की भाँति आजीवन आपका साथ पूरी ईमानदारी और लगन के साथ देगा।

ग्रहण करें ज्ञान को
(Accept Knowledge)

इनसानी भूख दो प्रकार की होती है। प्रथम पेट की भूख जो भोजन मिलते ही शान्त हो जाती है। यह है शरीर की ऊपरी या सतही भूख। और दूसरी जो कई गुना अधिक महत्त्वपूर्ण है, वह है मस्तिष्क यानी ज्ञान की भूख। ज्ञान का संसार अथाह है। इसमें आप जितना उतरते जाएँगे उतना ही आनन्द पाएँगे तथा यह भी पाएँगे कि यह आपकी जीवनपर्यन्त के लिए प्राप्त स्थायी निधि है।

जिज्ञासा ही आदमी को जिन्दा रखती है। इसके अभाव में आदमी जड़ हो जाता है। ज्ञान का सबसे बड़ा स्रोत तो अच्छी पुस्तकें ही हैं।

गांधीजी में नित नए अच्छे आदमियों से मिलने की ललक थी। एक दिन भोजन के दौरान उनका परिचय पोलक नामक एक नौजवान से हुआ, जो क्रिटिक नामक पत्रिका का सम्पादक था। उसके विचार गांधीजी से अत्यधिक मिलते थे। अतः वह उनके कार्यों से जुड़ना चाहता था।

एक बार गांधीजी अंग्रेज सज्जन वेस्ट से अपने मतभेद दूर करने हेतु डरबन प्रवास पर गए। जोहांसबर्ग स्टेशन पर उनकी भेंट पोलक से हुई जिसने उन्हें रेल यात्रा के दौरान पढ़ने हेतु मशहूर लेखक रस्किन की एक पुस्तक 'अन टू दिस लास्ट' (Unto This Last) भेंट की।

पुस्तक गांधीजी को इतनी अच्छी लगी कि वे उसे पढ़ते-पढ़ते उसी में खो गए। एक नए सत्य से उनका साक्षात्कार हुआ। पुस्तक

से प्रेरणा लेकर उन्होंने अपनी जीवन-शैली बदल डालने का प्रण किया। बाद में इसी पुस्तक का उन्होंने स्वयं गुजराती में इसी शीर्षक से सम्पादन किया।

रस्किन की पुस्तक का शीर्षक बाइबिल धर्मग्रन्थ के न्यू टेस्टामेंट की एक नीति-कथा पर आधारित है।

गांधीजी ने इस पुस्तक का सारांश भी प्रस्तुत किया जो इस प्रकार है–

"सबके हित में व्यक्ति का हित है। किसी नाई का काम भी उतना ही महत्त्वपूर्ण है जितना किसी वकील का, क्योंकि दोनों को ही अपनी आजीविका हेतु अपने परिश्रम से धन उपार्जन का अधिकार है।

किसी मजदूर का जीवन चाहे वह जमीन को जोतनेवाला हो या फिर हाथ से काम करनेवाले दस्तकार का ही क्यों न हो, पूरी तरह जीने लायक है।"

गांधीजी ने कहा कि–पहला सूत्र तो मुझे याद था। दूसरे को मैंने अनुभव किया। तीसरे का तो मुझे आभास तक नहीं था।

उन्होंने इन सिद्धान्तों को अपने जीवन में ढालने का प्रण किया तथा फियोनिक्स में, जहाँ भारतीय जन एक समुदाय के रूप में रहते थे, एक हिन्दुस्तानी बस्ती स्थापित की। इसके लिए भूमि का दान पोलक द्वारा ही किया गया था। यह 1904 की बात है।

इसके बाद वे कभी निजी मकान में नहीं रहे। उनका शेष सारा जीवन आश्रम में एक आश्रमवासी के रूप में ही व्यतीत हुआ।

इस दृष्टान्त से यह स्पष्ट है कि ज्ञान की एक अकेली पुस्तक ने महात्मा गांधी के जीवन में आमूल परिवर्तन ला दिया। जीवन में अच्छी पुस्तक पढ़कर तदनुसार आचरण से बड़ी कोई बात हो ही नहीं सकती। लेकिन इसमें एक सावधानी भी आवश्यक है। कई बार जानकारी को ज्ञान का पर्याय मान लिया जाता है जो सर्वथा अनुचित है। जानकारी तो बहुत ही सतही स्थिति है, जबकि ज्ञान का महासागर

बहुत विशाल है। उसके लिए आपको गहराई में उतरकर जौहरी का नजरिया अपनाते हुए कोलम्बसी खोज करनी होगी और तब तक आप पाएँगे कि आन्तरिक जिज्ञासा या ज्ञान की भूख से प्राप्त सुख कितना आनन्ददायक और आह्लादकारी है। अच्छी पुस्तकों से बड़ा कोई मित्र नहीं। भले ही एक बार खून के रिश्तों में दरार आ जाए, लेकिन पुस्तकों से प्राप्त ज्ञान तो सच्चे मित्र की भाँति आजीवन आपका साथ पूरी ईमानदारी और लगन के साथ देगा।

विद्या ददाति विनयम्
विनयाद् याति पात्रताम्
पात्रत्वाद धन माप्नोति
धनात् धर्मम्ः ततः सुखम्।

गांधीजी के मूल सिद्धान्त

अपने विश्वास के प्रति समर्पित होकर भयरहित कार्य एक सोने के सदृश नियम है।

The golden rule is to act fearlessly upon what one believes is right.

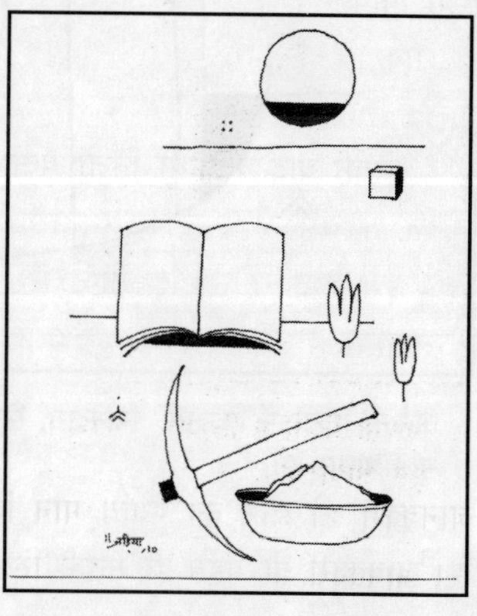

किसी मजदूर का जीवन चाहे वह जमीन को जोतनेवाला हो या फिर हाथ से काम करनेवाले दस्तकार का ही क्यों न हो, पूरी तरह जीने लायक है।

आपसी रिश्तों में विश्वास, ईमानदारी, निष्ठा व समर्पण ही सफल जीवन का मूल आधार है।

रिश्तों की रीत यानी सम्बन्धों में प्रतिबद्धता

(Relationship is a Commitment)

जीवन में वचनबद्धता एवं प्रतिबद्धता बेहद महत्त्वपूर्ण है। राम तो वचन के प्रति समर्पण हेतु जन-जन में विख्यात हैं–प्राण जाई पर वचन न जाई। भारतीय दर्शन में दाम्पत्य प्रवेश की पहली शर्त ही प्रतिबद्धता है, जिसके अभाव में सात वचनों की रस्म अदायगी पूर्णरूपेण असम्भव है। विश्व के इतिहास में भारतीय दर्शन की यह बात अन्यत्र कहीं नहीं मिलेगी, जिसमें पाणिग्रहण को एक अनुष्ठान का आकार देते हुए जन्म-जन्मान्तर का सम्बन्ध माना गया है।

गांधी वैवाहिक जीवन में प्रतिबद्धता के साक्षात उदाहरण थे। सरोजिनी नायडू की ख्याति भारत में सर्वविदित है, लेकिन इसके अतिरिक्त उनके व्यक्तित्व में बुद्धि, हाजिर-जवाबी व स्वस्थ हास्य का पुट सदैव झलकता था। वे जहाँ कहीं भी जाती थीं तो वहाँ का वातावरण उल्लास, उमंग व प्रसन्नता से सरोबार हो जाता था। मजेदार बात तो यह है कि वे किसी को बख्शती भी नहीं थीं।

एक बार विनोदपूर्ण तरीके से उन्होंने बापू से पूछा–बापू आपकी दृष्टि में इस धरती पर सर्वाधिक सुन्दर महिला कौन है।

गांधीजी ने एक भी क्षण गँवाए बिना तुरन्त उत्तर दिया–निश्चित ही कस्तूरबा।

इस त्वरित उत्तर से सरोजिनी प्रथम चक्र में हार गईं लेकिन

वार्तालाप समाप्त कतई नहीं हुआ। वे तुरन्त कस्तूरबा के पास गईं और कहा–"बा मैंने बापू से पूछा कि धरती पर सबसे सुन्दर महिला कौन हैं और उन्होंने उत्तर दिया कि वे आप हैं। आपका इस बारे में क्या कहना है।"

कस्तूरबा भले ही शैक्षणिक योग्यता के मामले में पिछड़ी हुई थीं परन्तु बुद्धिमानी तथा चतुराई में कतई नहीं। उन्होंने भी तुरन्त उसी हाजिर-जवाबी के साथ उत्तर दिया–"सरोजिनी क्या तुम्हें यह मालूम नहीं कि बापू कभी झूठ नहीं बोलते।"

बात का सारांश यह है कि आपसी रिश्तों में विश्वास, ईमानदारी, निष्ठा व समर्पण ही सफल जीवन का मूल आधार है और जहाँ यह होगी वहीं सम्बन्ध सफलतापूर्वक निभ पाएँगे। जहाँ आपस में संशय, दुर्भावना या प्रतिबद्धता का अभाव होगा वहाँ सफलता की कल्पना तक कैसे की जा सकती है।

सफलता की यह शर्त निभाने के कारण गांधी न केवल निजी जीवन में सफल हो पाए वरन पूरे देश को स्वाधीन करा पाए। यह आपसी स्नेह और समर्पण का ही प्रतिफल था कि गांधीजी एवं कस्तूरबा दोनों ने एक ही उत्तर देकर सरोजिनी नायडू जैसी विदुषी को भी निरुत्तर कर दिया। इसके लिए रिश्तों की अहमियत को समझना बहुत जरूरी है। याद रखिए सम्बन्ध बनाने में उम्र गुजर जाती है लेकिन बिगड़ने में एक पल। एक छोटी-सी गलतफहमी से पूरे जीवन की तपस्या तिरोहित हो जाती है। इसलिए सम्बन्धों को माने सिद्धान्त, न कि सुविधा।

गांधीजी के मूल सिद्धान्त

आप जीवन की पुस्तक का नया पन्ना नहीं खोल सकते, यदि पुराने को बार-बार पढ़ने के आदी हैं।

You can't start the new chapter of your life, if you keep reading the last.

यह आपसी स्नेह और समर्पण का ही प्रतिफल था कि गांधीजी एवं कस्तूरबा दोनों ने एक ही उत्तर देकर सरोजिनी नायडू जैसी विदुषी को भी निरुत्तर कर दिया।

ईसा मसीह ने उन लोगों को माफ कर दिया था, जो उन्हें सूली पर चढ़ाने के लिए जिम्मेदार थे। गहन वेदना के उन क्षणों में भी उनके वचन थे–"हे ईश्वर इन्हें माफ कर देना क्योंकि ये खुद नहीं जानते कि ये क्या कर रहे हैं!"

माफी माँगें सच्चे मन से

(Forgiveness is a Boon)

जीवन में गलती स्वाभाविक है। यह न तो जुर्म है और न गैर-वाजिब, लेकिन सबसे बड़ी बात यह है कि गलती हो जाने पर उसकी अपनी अन्तरात्मा में अनुभव की। पश्चात्ताप के भाव से बड़े पाप भी धुल जाते हैं। गांधीजी ने तो पापी से नहीं पाप से घृणा करने की बात कही है। उनकी नजर में तो आदमी कितना भी बुरा क्यों न हो क्षमा के योग्य है, परन्तु निजी जीवन में उन्होंने खुद से गलती हो जाने पर माफी माँगने में कभी संकोच नहीं किया।

दरअसल आपके मन में जब बिना शर्त क्षमा की चाह उभरती है तो न केवल आत्मा शुद्ध हो जाती है वरन् सामने वाला भी आपके इस गंगाजली व्यक्तित्व के समक्ष नतमस्तक हो जाता है।

गांधी बा की याद में बने कस्तूरबा ट्रस्ट के अध्यक्ष थे तथा ठक्कर बाबा इसके दूसरे ट्रस्टी। एक अन्य ट्रस्टी थीं विश्वविख्यात वैज्ञानिक विक्रम साराभाई की बहन मृदुला साराभाई।

मृदुला ट्रस्ट के खातों पर कठोर रुख वाले ठक्कर बाबा को पसन्द नहीं करती थीं। ऐसे में ट्रस्ट की एक बैठक में उत्तेजनापूर्ण वातावरण के दौरान मृदुला ने गांधीजी से कहा–"मैं बाबा के साथ काम नहीं कर सकती। अतः अब मैं रहूँगी या वे।"

गांधीजी मुस्कुराकर बोले–"मृदुला, मैं सौ मृदुलाओं के त्याग-पत्र स्वीकार कर सकता हूँ किन्तु ठक्कर बाबा को छोड़ने का विचार मन में नहीं ला सकता।"

कोई अन्य उपाय न देखकर एक दिन मृदुला ने अपना त्याग-पत्र सौंप दिया।

यह समाचार अगले दिन समाचार-पत्रों में छपा। ठक्कर बाबा उससे बहुत विचलित हो गए। उन्होंने तुरन्त गांधीजी को लिखा–मैंने आपको कई बार लिखा कि आप और मैं अब वृद्ध हो चुके हैं। यदि हम नौजावानों में उत्साह का संचार नहीं कर पाए तो हमारा काम कैसे आगे बढ़ पाएगा। मृदुला का त्याग-पत्र स्वीकार कर आपने बहुत बड़ी गलती की है।

यह पत्र उन्होंने एक सेवक के माध्यम से तुरन्त वर्धा से सेवाग्राम भिजवाया।

गांधीजी ने उसे पढ़ा तथा उसी लिफाफे के ऊपर अपना उत्तर बगैर किसी संकोच व लाग-लपेट के तुरन्त लिख दिया–मैं माफी माँगता हूँ।

यह था गांधी का एहसास होते ही आत्मसमर्पण। गलती स्वीकार करने से न केवल हमारे आगे के व्यवहार में सुधार होता है वरन हमारे सामाजिक कद में भी वृद्धि होती है। आत्म-शुद्धि का यह सबसे सरल साधन है। याद कीजिए स्वयं ईसा मसीह ने उन लोगों को माफ कर दिया था, जो उन्हें सूली पर चढ़ाने के लिए जिम्मेदार थे। गहन वेदना के उन क्षणों में भी उनके वचन थे–"हे ईश्वर इन्हें माफ कर देना क्योंकि ये खुद नहीं जानते कि ये क्या कर रहे हैं!"

गांधीजी के मूल सिद्धान्त

कोई भी मुझे भावनात्मक रूप से तब तक चोट नहीं पहुँचा सकता, जब तक कि मैं उसे इसकी आज्ञा न दूँ।
No one can hurt me without my permission.

आपके मन में जब बिना शर्त क्षमा की चाह उभरती है तो न केवल आत्मा शुद्ध हो जाती है वरन् सामने वाला भी आपके इस गंगाजली व्यक्तित्व के समक्ष नतमस्तक हो जाता है।

काम की अधिकता नहीं उसकी चिन्ता आदमी को मारती है। उन्मुक्त मन काम को खेल की तरह स्वीकार करता है तथा हँसते-हँसाते उसे सम्पन्न भी कर देता है।

श्रम से सुधरे सेहत

(Health Courtesy Hard Work)

श्रम से बड़ा कोई कर्म नहीं। स्वयं श्रीकृष्ण ने गीता में कहा है–योगः कर्मसु कौशलम् अर्थात कुशलतापूर्वक किया गया कर्म ही योग है। गांधीजी ने भी कहा ही है कि स्वस्थ तन में ही स्वस्थ मन का वास होता है। शरीर मानव जीवन के सार्थक उपयोग का अवयव है और यदि यही स्वस्थ नहीं रह पाया तो कोई भी मनुष्य कैसे अपने कार्य सफलतापूर्वक सम्पन्न कर पाएगा। इसलिए बेहद आवश्यक है कि आदमी स्वयं को स्वस्थ या फिट रखे। इसके अभाव में कामयाबी दूर की बात है।

प्रबन्धन की प्राथमिकताओं में पहली शर्त ही यह है कि आदमी स्वयं को स्वस्थ रखे। तभी तो वह कुछ कर पाएगा।

दूसरी प्राथमिकता है परिवार, क्योंकि जब तक आप पारिवारिक रूप से सानन्द नहीं होंगे, बाहरी जीवन में भले ही वह सामाजिक हो या कार्यालयीन, कभी सफल नहीं हो पाएँगे।

तीसरी प्राथमिकता है दिए गए काम के प्रति निष्ठा, समर्पण तथा परिश्रम।

वर्ष 1940 में कुमारप्पा उच्च रक्तताप से पीड़ित हो गए। मेडिकल परीक्षण में कोई अन्य रोग नहीं मिला। डॉक्टर ने कहा कि रक्तचाप का मूल कारण मानसिक तनाव है।

गांधीजी ने लाहौर से आए एक प्रोफेसर को कुमारप्पा से मिलने भेजा। चर्चा के आरम्भ व अन्त दोनों में उनके रक्तचाप की जाँच की गई तो पाया कि चर्चा के उपरान्त वह अधिक था।

गांधीजी ने उसके एक दिन बाद कुमारप्पा को एक फर्लांग दौड़ लगाने को कहा। इससे उनकी हृदय गति अधिक तथा रक्तचाप 10 डिग्री कम पाया। कुछ देर बाद हृदय की गति भी सामान्य हो गई।

इन परीक्षणों से गांधीजी ने पाया कि कुमारप्पा का रक्तचाप मात्र मानसिक तनाव के कारण अधिक था, जिसका एक मात्र उपाय शारीरिक श्रम था। उन्होंने कुमारप्पा से मानसिक तनाव में काम करने से मना कर दिया। जिससे उनमें रक्तचाप के लक्षण बढ़ते पाए गए तथा पैदल घूमने की सलाह भी दी। भोजन पर नियंत्रण करवाया।

इन उपायों से कुमारप्पा स्वस्थ हो गए और जब-जब भी उन्होंने इस लक्ष्मण रेखा को लाँघा उनकी सेहत बिगड़ी।

याद रखें, काम की अधिकता नहीं उसकी चिन्ता आदमी को मारती है। उन्मुक्त मन काम को खेल की तरह स्वीकार करता है तथा हँसते-हँसाते उसे सम्पन्न भी कर देता है। इससे जहाँ एक ओर आप में भरपूर आत्म-सन्तोष का भाव उभरता है वहीं दूसरी ओर सृजनात्मकता का सुख भी हासिल होता है।

श्रम से शरीर के सारे अवयव या अंग एक्टिव या चुस्त-दुरुस्त बने रहते हैं तथा कोई बीमारी पास नहीं फटक पाती है और तब वेदों की वही उक्ति आपके जीवन में सार्थक होकर उभरती है—जीवेत शरदः शतम!

इसीलिए तो कहा भी गया है—

जब कोई अपने हाथ में लेकर चला कुदाल
दुनिया को करना पड़ा उसका इस्तकबाल।

गांधीजी के मूल सिद्धान्त

जीवन एक बहुत बड़ा कैनवास है और इसे आप जितना रंगीन बना सकते हैं उतना उत्तम है।

Life is a big canvass. You should throw all the paints on it you can.

प्रबन्धन की प्राथमिकताओं में पहली शर्त ही यह है कि आदमी स्वयं को स्वस्थ रखे। तभी तो वह कुछ कर पाएगा।

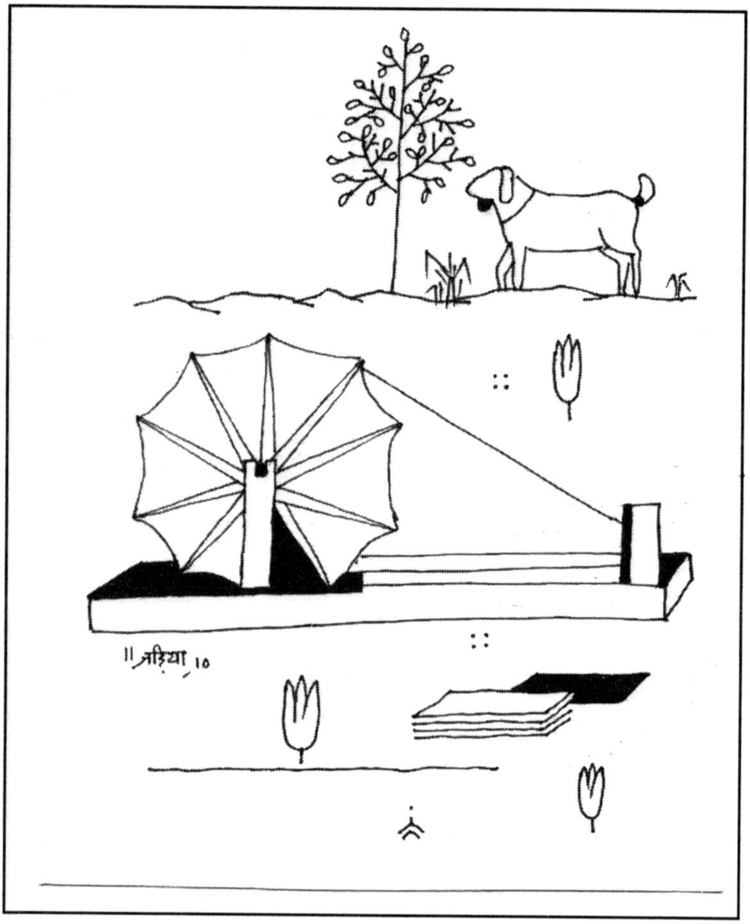

सिद्धान्त भी सत्य के समान केवल एक होता है और उसके पालन में व्यक्ति को कभी दुविधाग्रस्त न रहते हुए अपने विचार पर दृढ़तापूर्वक टिके रहना चाहिए।

सिद्धान्तों से नहीं समझौता

(No Compromise on Principles)

जीवन में सिद्धान्त हमारी प्राणवायु के समान हैं। इनके अभाव में हमारी काया एक रीढ़विहीन लुंज-पुंज प्राणी मात्र की होकर रह जाती है, जिसका अपना न तो कोई आचार-विचार और न ही कोई व्यवहार होता है। वास्तव में सिद्धान्त वह ठोस धरातल है जिसके आधार पर हम अपने सुचारु सफल जीवन की अट्टालिका खड़ी कर सकते हैं।

सिद्धान्तवादी व्यक्ति का समाज में सर्वत्र सम्मान होता है। भले ही पहली बार में आपकी बात लोगों को थोड़ी सी असहज एवं किसी हद तक कठोर भी लगे, परन्तु जैसे ही इस बात का अनुभव हो जाता है कि सामनेवाला व्यक्ति ढुल-मुल प्रवृत्ति या अवसरवादी न होकर अपनी बात का पक्का है सब आपको सम्मान की दृष्टि से देखने लगते हैं। लोग मुसीबत के पलों में आपसे शक्ति तथा विपरीत परिस्थितियों से जूझ पाने की प्रेरणा प्राप्त करने लगते हैं।

गांधीजी अपनी जबान व उसूलों के बहुत पक्के इनसान थे। उन्होंने सिद्धान्तों की शर्त पर कभी कोई समझौता नहीं किया। कभी-कभी तो वे कांग्रेस कार्य समिति की बैठक बीच में छोड़कर बकरी दुहने चले जाते या चरखा कातने बैठ जाते। ऐसी आदतों के कारण वे खुद के जिद्दी हो जाने तक का एहसास साथ वालों को दे देते

थे, लेकिन दबी जबान में कभी-कभार कही गई इन बातों का उन पर कोई असर नहीं हुआ। दाँडी मार्च के दौरान सबने प्रत्यक्ष देखा कि नमक जैसी छोटी-सी बात की चिन्ता पर अकेले निकले गांधीजी के पीछे पूरा देश दौड़ पड़ा।

सिद्धान्तों के मामले में गांधीजी ने किसी को नहीं बख्शा। आश्रम का एक नियम था कि जितना पैसा जिसके द्वारा भी आता था वह उसी दिन जमा किया जाता था। एक दिन कस्तूरबा को कोई चार सौ रुपए दे गया। बा उस दिन उसे भूल गईं। दूसरे दिन याद आया और वे यह रकम जमा करने आश्रम के कार्यालय गईं।

यह बात बापू को पता चली तो उन्होंने अपनी सहधर्मिणी कस्तूरबा को बुलाकर स्पष्ट शब्दों में बगैर किसी लागलपेट व पूरी साफगोई से तीखे शब्दों में कहा–"तुम्हारा कृत्य चोर के समकक्ष है। तुमने एक दिन के लिए इन रुपयों की चोरी की है।"

बा की आँखों में आँसू आ गए, लेकिन वे पति के स्वभाव को भलीभाँति जानती थीं।

बाद की बात बहुत सरल है। बा ने उसी दिन शाम की प्रार्थना सभा में अपनी गलती स्वीकार करते हुए सबसे क्षमा माँगी।

याद रहे, जहाँ तक सिद्धान्तों के अनुपालन का सवाल है उसमें किसी प्रकार के व्यक्तिगत मोह या भावना का कोई स्थान नहीं है। सिद्धान्त भी सत्य के समान केवल एक होता है और उसके पालन में व्यक्ति को कभी दुविधाग्रस्त न रहते हुए अपने विचार पर दृढ़तापूर्वक टिके रहना चाहिए। उस दौरान कई क्षण अग्नि-परीक्षा के भी समान भी हो सकते हैं। पर याद रखें उसी में से गुजरकर आपका व्यक्तित्व कंचन होकर उभरता है। आपकी आत्मा तथा आत्मबल एक नए प्रण के साथ जीवन में सफलता के अगले सोपान पर प्रयाण करते हैं।

उसूलों पर आँच आए तो टकराना जरूरी है,
जो जिन्दा हो तो जिन्दा नजर आना जरूरी है।

गांधीजी के मूल सिद्धान्त

आँख के बदले आँख का प्रतिशोध एक दिन संसार को अन्धा कर देगा।

An eye for an eye makes the whole world blind.

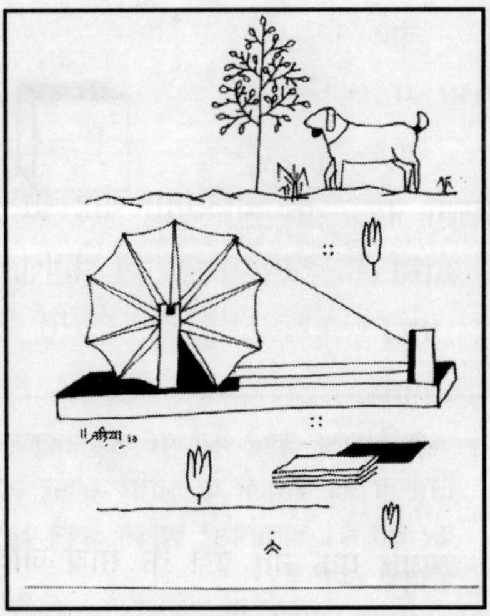

सिद्धान्तवादी व्यक्ति का समाज में सर्वत्र सम्मान होता है।

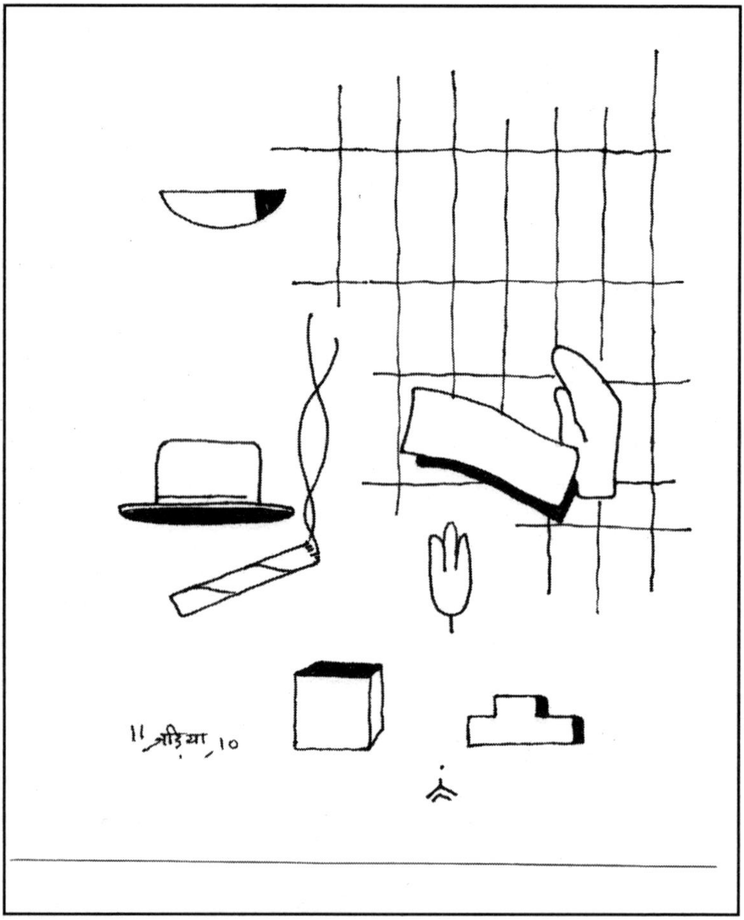

आत्मनिर्भरता अपने पैरों पर खड़े रहकर कार्य करने की कला है। दूसरों पर निर्भरता की बैसाखी के आसरे रहकर आप अपने पैरों की ताकत स्वयं कम कर लेते हैं। आत्मनिर्भर व्यक्ति अपने आप में प्रसन्नता, उमंग तथा उत्साह से परिपूर्ण रहता है।

आत्मनिर्भरता से आत्मबल

(Inner Strength with Self-sufficiency)

आत्मनिर्भरता एक बड़ा गुण है। क्योंकि यही वह थाती है जिसके बल पर आप न केवल अपने व्यक्तित्व का विकास कर सकते हैं वरन दूसरों के लिए भी श्रेष्ठ उदाहरण प्रस्तुत कर सकते हैं। पराश्रय एक ऐसा दुर्गुण है जो यदि एक बार आपको जकड़ ले तो फिर आप धीरे-धीरे कब हर छोटे-मोटे काम के लिए दूसरों पर निर्भर हो जाते हैं यह आपको खुद पता नहीं रहता। ऐसी स्थिति में आपके व्यक्तित्व का, पुरुषत्व का या कर्मयोगी होने का भाव धीमे-धीमे तिरोहित हो जाता है तथा जीवन कठिन एवं कष्टपूर्ण।

भारत की स्वाधीनता के पश्चात एक बार जब तत्कालीन प्रधानमंत्री पंडित जवाहरलाल नेहरू इंग्लैंड प्रवास पर गए तो उनकी भेंट चर्चिल से हुई। दोनों के बीच वार्ता के दौरान पहली बार अनेक विषयों पर खुलकर बातचीत हुई। चर्चिल गांधी के घोर विरोधी थे।

चर्चिल ने नेहरू से पूछा–"यदि आप अनुमति दें तो एक बात मैं आपसे पूछना चाहूँगा।"

नेहरू–"हाँ क्यों नहीं?"

चर्चिल ने कहा–"गांधी सहित आप सब लोग अनेक वर्षों तक हमारी जेलों में रहे। हमारे लोगों ने आप पर अत्याचार किया। अपमान किया। फिर भी क्या कारण हैं कि आप हमसे घृणा के बजाय सद्व्यवहार करते हैं।"

नेहरू ने तब जो उत्तर दिया वह इतिहास के पृष्ठों पर गांधी दर्शन का अनुपम उदाहरण है–"ऐसी कोई बात नहीं, दरअसल हमने एक ऐसे नेता के नेतृत्व में काम किया है जो अनासक्त कर्मयोगी था।"

चर्चिल–"वह कैसे?"

नेहरू–"वह ऐसे कि हमें उनसे दो बातें ऐसी मिलीं जिनके द्वारा हमारे जीवन का मार्ग ही बदल गया। पहली तो यह कि आत्मनिर्भर बनो। किसी को नफरत की नजर से मत देखो। यही कारण है कि तब न तो हम आपसे डरते थे और न अब आपसे घृणा करते हैं।"

याद रखिए आत्मनिर्भरता अपने पैरों पर खड़े रहकर कार्य करने की कला है। दूसरों पर निर्भरता की बैसाखी के आसरे रहकर आप अपने पैरों की ताकत स्वयं कम कर लेते हैं। आत्मनिर्भर व्यक्ति अपने आप में प्रसन्नता, उमंग तथा उत्साह से परिपूर्ण रहता है। भय या घृणा ऐसा दुर्भाव है जो आपके व्यक्तित्व में नकारात्मकता का भाव भर देती है। याद रखिए सच यह है कि अच्छे-बुरे कर्मों के लिए व्यक्ति स्वयं उत्तरदायी होता है।

गलत कार्य करने पर हमारी आत्मा हमें अन्दर से कचोटती है और यह भी सत्य है कि हमारे कर्मों का हिसाब भी कहीं न कहीं अवश्य रखा जा रहा है। ऐसे में आप सामने वालों के कर्मों का नियन्ता बनने का प्रयत्न करके क्यों अपनी ऊर्जा का अपव्यय करते हैं। आप तो मात्र धरती पर अपन्रे आगमन को सार्थक करते हुए अपनी भूमिका पूरी लगन, निष्ठा व ईमानदारी के साथ निभाते हुए सकारात्मक कार्यों में लगे रहें।

भलाई कर भला होगा
बुराई कर बुरा होगा
कोई देखे न देखे
पर खुदा तो देखता होगा।

गांधीजी के मूल सिद्धान्त

दिव्य ज्ञान किसी पुस्तक से प्राप्त नहीं किया जा सकता। यह तो अन्तरात्मा का अनुभव है।

Divine knowledge is not borrowed from books. It has to be realized by oneself.

आप तो मात्र धरती पर अपने आगमन को सार्थक करते हुए अपनी भूमिका पूरी लगन, निष्ठा व ईमानदारी के साथ निभाते हुए सकारात्मक कार्यों में लगे रहें।

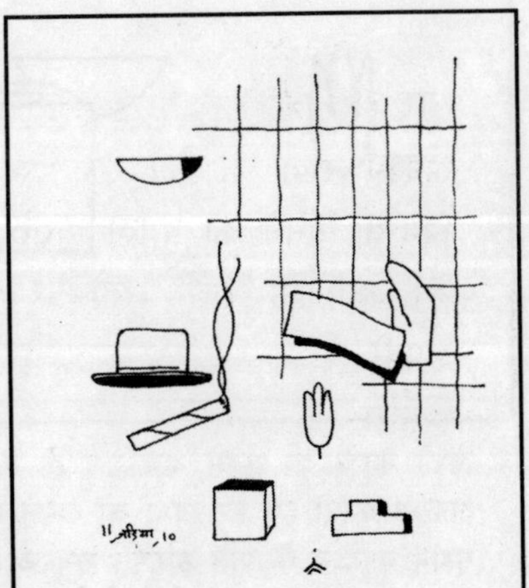

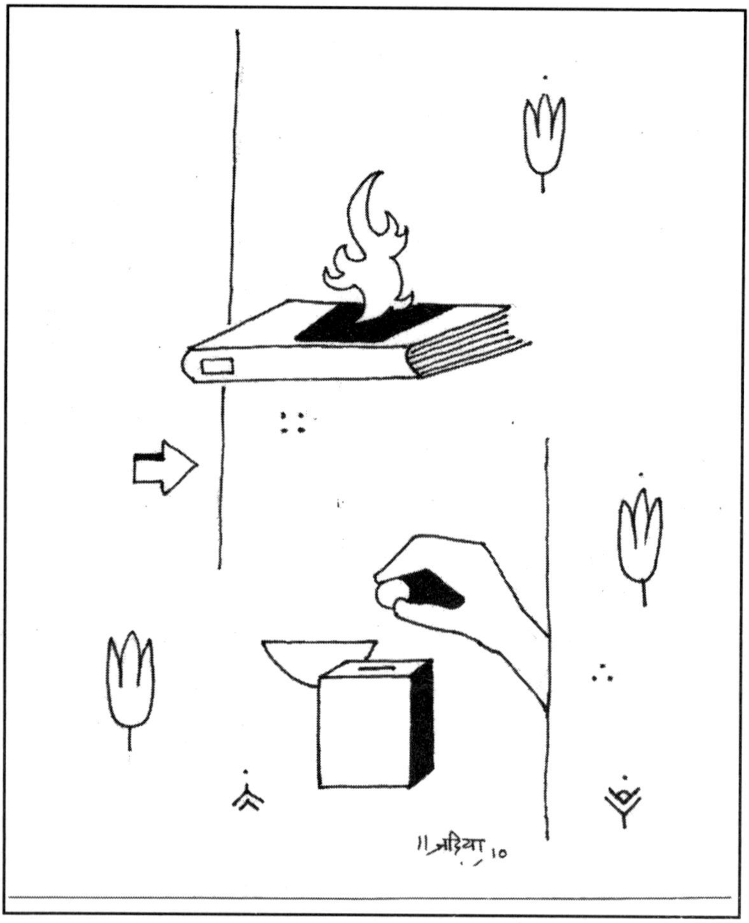

अच्छे नेतृत्व का सबसे बड़ा गुण ही यह है कि वह सबको अपने लक्ष्य से अवगत कराते हुए हर साथी को अपने साथ जोड़ सके। तभी बन पाता एक महान उद्देश्य के प्रति समर्पित समुदाय।

जनभागीदारी से जीतें जंग

(Win War with Public Participation)

आदमी अपने आप में एक सम्पूर्ण इकाई है और बलवान, बुद्धिमान तथा सामर्थ्यवान भी। वह अपने श्रम से व्यक्तिगत साध्य भी प्राप्त कर लेता है, परन्तु जब साध्य सामाजिक हो, बड़ा हो, समष्टिगत हो तो उसके लिए सबका सहयोग और साझेदारी भी उतनी ही आवश्यक है, जितनी उसकी अपनी भागीदारी। सबके साथ मिल-जुलकर, एकजुट होकर कार्य करने का मजा ही कुछ और है। इससे न केवल आपकी संगठन क्षमता सिद्ध होती है, वरन समाज में आपकी स्वीकार्यता स्थापित होते हुए आप में नेतृत्व के गुण भी उभरते हैं। तानाशाही और जमींदारी के दिन अब लद गए। आदमी को बाहुबल या धनबल से खरीद पाना भी अब सम्भव नहीं। उसे जीता जा सकता है तो सिर्फ आचरण और साथ काम करने की कला भाव से।

गांधी लोकमान्य बाल गंगाधर तिलक तथा गोपाल कृष्ण गोखले दोनों के अनन्य भक्त थे। आचरण में पवित्रता अपनाते हुए जीवन में सफलता के सूत्र भी उन्होंने इन्हीं के माध्यम से सीखे थे। एक प्रसंग जिसने उन्हें गहराई तक प्रभावित किया था तथा जिसका उल्लेख उन्होंने कालान्तर में कई बार किया तिलक से सम्बन्धित है।

सर बेलेन्टाइन शिरोल नामक अंग्रेज ने एक पुस्तक लिखी 'द इंडिया अनरेस्ट' जिसमें तिलक को भारत में अशान्ति का जनक बताते हुए उनके बारे में अनेक आपत्तिजनक बातें लिखी थीं। यह उस देव पुरुष को दानव दर्शाने का घृणित कृत्य था।

सारा देश तिलमिला उठा। तिलक ने शिरोल पर मानहानि का मुकदमा दायर किया जो बड़े जोर-शोर से चला। तिलक जीत के प्रति आश्वस्त थे। पर अंग्रेजों को यह अपनी प्रतिष्ठा पर आघात लगा। इसे व्यवस्था के प्रति जेहाद समझते हुए उन्होंने तिलक को हरवा दिया।

पर लोकमान्य का आत्मविश्वास भी अद्भुत था। अपने पक्ष में न्यायपूर्णता के प्रति आश्वस्त हो उन्होंने इसकी अपील प्रिवी कौंसिल में कर दी। वहाँ भी वे हार गए तथा उनके खिलाफ तीन लाख जुर्माने का आदेश पारित हुआ।

इतना सारा रुपया उन दिनों बहुत बड़ी बात थी। उन्होंने सजा भुगतने की सहमति दे दी पर देश की जनता को यह स्वीकार नहीं था। कई पूँजीपति आगे आ गए पर तिलक ने किसी का दान स्वीकार नहीं किया।

उन्होंने इस मामले में यह शर्त रखी कि मैं जनता की माँग मानने को तैयार हूँ, पर उस फंड में कोई भी एक आने से अधिक चन्दा नहीं देगा। आश्चर्य की बात तो यह हुई कि मात्र चौबीस घंटों में तीन लाख रुपए की राशि एकत्रित हो गई। चूँकि सबकी नीयत साफ थी, इसलिए एक पवित्र साधन से आया चन्दा विदेशी दासता के प्रति एक अभिव्यक्ति हो गया। गांधी के जीवन में दाँडी मार्च या जन-जन से जुड़ जाने के प्रण का श्री गणेश भी इसी घटना से हुआ।

याद रखिए, अच्छे नेतृत्व का सबसे बड़ा गुण ही यह है कि वह सबको अपने लक्ष्य से अवगत कराते हुए हर साथी को अपने

साथ जोड़ सके। तभी बन पाता है एक महान उद्देश्य के प्रति समर्पित समुदाय। इसके लिए खुद के अहम को विसर्जित करते हुए दूसरों की भावनाओं के प्रति सम्मान सबसे पहली शर्त है।

गांधीजी के मूल सिद्धान्त

विश्वास के अभाव में कार्य किसी अन्धे कुएँ के तल तक पहुँचने का प्रयास है।
Work without faith is like an attempt to reach the bottom of a bottomless pit.

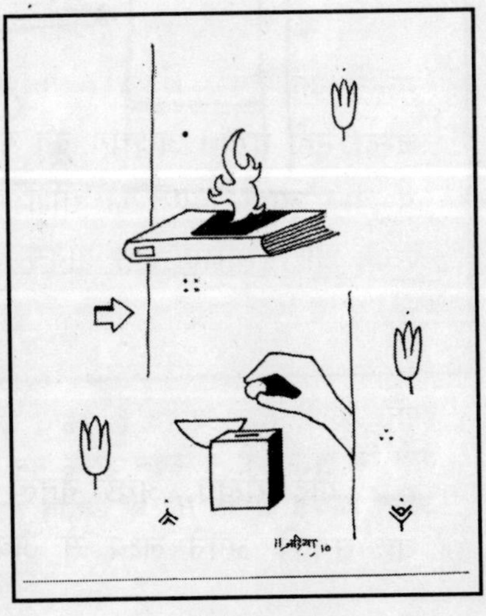

सबके साथ मिल-जुलकर, एकजुट होकर कार्य करने का मजा ही कुछ और है।

हमारी अपनी खुशी जायज है, किन्तु उससे भी अधिक महत्त्वपूर्ण है सामने वाले कि खुशी, जो न केवल उसके मन में प्रसन्नता की हिलोरें पैदा करती है अपितु आपके अन्तस को भी असीम सुख से भर देती है।

स्वस्थ हास्य है सुखद
(Healthy Humour is Pleasant)

हास्य-व्यंग, हँसी-मजाक आदि का जीवन में अपना महत्त्व है। यह कार्य के दौरान काम की अधिकता से ऊबे आदमी की एकरसता को न केवल भंग करता है बल्कि उसे स्वस्थ मनोरंजन का सुखद अवसर भी प्रदान करता है। गहन दुख या अवसाद के क्षणों में तो यह एक तरह से मनुष्य के लिए रोशनदान बनकर उभरता है, परन्तु पहली शर्त यह भी है कि हास्य स्वस्थ, सुघड़, समयोचित तथा सौन्दर्य बोध लिये हो। उसमें किसी का अहित या मजाक उड़ाने का भाव न हो। किसी को छोटा या नीचा दिखाने की प्रवृत्ति से ऊपर हो। किसी का भी मजाक उड़ाने की आदत भले ही वह पराया या आपका दुश्मन तक क्यों न हो, कुंठित मानसिकता की निशानी है।

वर्ष 1934 में गांधीजी के भतीजे मगन भाई की स्मृति में मगनवाड़ी ग्राम स्थापित किया गया। सुचारु संचालन हेतु ग्राम उद्योग समिति भी गठित की गई। बापू इस स्थान पर कुछ दिन रुके।

मगनवाड़ी में रुक पाने की एक शर्त यह थी कि वहाँ के सदस्यों की सारे दैनिक कामों में भागीदारी अवश्य हो।

अतः एक दिन गांधीजी का भी बर्तन साफ करने का क्रम आया। इस कार्य में स्वयं कुमारप्पा ने गांधीजी का साथ दिया। दोनों

ने नारियल के जूट की सहायता से कालिख साफ करने का कार्य आरम्भ किया।

इस बीच कस्तूरबा वहाँ आ गईं। उन्हें गांधीजी का यह कृत्य नागवार गुजरा। तभी उन्होंने गुजराती में उलाहना दिया। कुमारप्पा को यद्यपि गुजराती नहीं आती थी, लेकिन वे समझ गए कि बा अप्रसन्न हैं। यह कार्य उन्हें अपने पति की गरिमा के अनुरूप नहीं लगा। उन्होंने गांधीजी से बर्तन छीन लिए।

कुमारप्पा ने देखा कि गांधीजी हाथ में जूट लिये मुस्कुराते हुए खामोशी से खड़े हो गए और कहा—"कुमारप्पा तुम भाग्यशाली हो कि अभी तक कुँआरे हो। मुझे अपने मनचाहे कार्यों को करने से रोकनेवाली पत्नी की आज्ञा का पालन करना होगा, परिवार में शान्ति के लिए। मुझे क्षमा करना मैं तुम्हारा साथ नहीं दे पाऊँगा। अब बा तुम्हारे साथ मिलकर शेष कार्य पूरा करेंगी।"

यही है हास्य व विनोद की वह बानगी जिसमें कभी-कभी आपको दूसरों की खुशी के लिए अपने जिद, अहम् या अभिमान को सामने वाले के समक्ष तिरोहित करना होता है। याद रखिए हमारी अपनी खुशी जायज है, किन्तु उससे भी अधिक महत्त्वपूर्ण है सामनेवाले की खुशी, जो न केवल उसके मन में प्रसन्नता की हिलोरें पैदा करती है अपितु आपके अन्तस को भी असीम सुख से भर देती है।

स्वस्थ हास्य तो अन्तस के घाव पर भी मरहम का काम करता है।

"बन्द दरवाजे जरा से खोलिए
रोशनी के साथ हँसिए-बोलिए
मौन पीले पात-सा झर जाएगा
तो हृदय का घाव खुद भर जाएगा।"

गांधीजी के मूल सिद्धान्त

मैं किसी को अपने मन-मस्तिष्क में गन्दे पैरों के साथ प्रवेश नहीं करने दूँगा।

I will not let anyone walk through my mind with their dirty feet.

पहली शर्त यह भी है कि हास्य स्वस्थ, सुघड़, समयोचित तथा सौन्दर्य बोध लिये हो।

बच्चे धरती पर ईश्वर का रूप हैं एवं उनके साथ बिताए गए पल ईश्वर की आराधना के समान हैं। वे आपका अपना बचपन आपको लौटा देते हैं। तब आपके मन की सारी कालिख धुलकर वह हो जाता है निर्मल तथा निष्पाप।

मान रखें बच्चों का
(Respect for Desire of Children)

जब हम आयु के पथ पर अग्रसर होते हैं तो अक्सर अपने से छोटे लोगों के प्रति उपेक्षापूर्ण व्यवहार करने लगते हैं। केवल उम्र के बल पर जिसमें आपका अपना कोई योगदान नहीं। स्वयं को बुद्धिमान समझकर दूसरों पर रोब गाँठने की यह कार्य शैली सर्वथा अनुचित है।

बच्चों के मामले में तो यह सर्वथा आवश्यक है कि हम उनका मन व मान दोनों रखें। वे तो कच्ची मिट्टी के सदृश हैं, जिनमें आप अपने मूल्यों, संस्कारों, सद्विचारों के बीज बो सकते हैं। वे आपके आचरण से अपना जीवन सँवारते हैं। इसलिए यह जरूरी है कि आप भले ही कितने ही व्यस्त हों थोड़ा समय निकालें तथा बच्चों से घुले-मिलें। यह समाज तथा राष्ट्र के प्रति आपका पावन कर्तव्य है तथा उन क्षणों में तो आप अपने बचपन में लौट जाएँगे।

गांधीजी को बच्चों से बहुत प्यार था। बच्चे भी बापू के साथ को बहुत पसन्द करते थे। वे बच्चों के साथ खेलते-कूदते हुए प्रसन्न रहा करते थे।

एक बार मद्रास से साबरमती पधारे कुछ बच्चों ने बापू से कॉफी की फरमाइश की तो उन्होंने भी विनोदपूर्ण लहजे में कहा कि– मैं तुम्हें इडली दोसा भी बनाकर खिला सकता हूँ।

वर्ष 1926 के दौरान गांधीजी खादी का सन्देश लेकर पूरे देश

के भ्रमण पर थे, किन्तु कभी-कभी विश्राम हेतु वे साबरमती आश्रम में भी लौट आते थे। आश्रम के पास बहने वाली साबरमती नदी शान्तिपूर्वक प्रवाह वाली नदी है। आश्रमवासी इसमें स्नान हेतु अक्सर जाया करते थे।

एक दिन आश्रम के बच्चे गांधीजी के पास पहुँचे और कहा– "बापू आप हमारे साथ आएँ और नदी में तैराकी का आनन्द लें। हम आपके बगैर वहाँ नहीं जाएँगे।"

"लेकिन मैं तो तैरना भूल चुका हूँ।" गांधीजी ने कहा।

"यह कैसे हो सकता है! एक बार तैराकी की कला आने के बाद कोई भी उसे नहीं भूल सकता। हम सब चाहते हैं कि आप भी हमारे साथ आएँ। हम आपकी तैराकी देखना चाहते हैं।"

बापू ने बच्चों के आग्रह को स्वीकार किया तथा साथ में साबरमती गए। इस समाचार के कारण सारे आश्रमवासी नदी के किनारे एकत्रित हो गए। शायद नदी स्वयं भी काफी प्रसन्न थी। गांधीजी ने मन भरकर बच्चों के साथ जल-क्रीड़ाएँ कीं। यह दृश्य मनमोहक तथा मनोहारी था।

याद रखिए, बच्चे धरती पर ईश्वर का रूप हैं एवं उनके साथ बिताए गए पल ईश्वर की आराधना के समान हैं। वे आपका अपना बचपन आपको लौटा देते हैं। तब आपके मन की सारी कालिख धुलकर वह हो जाता है निर्मल तथा निष्पाप। ऐसे पलों का आनन्द वही जान सकता है जिसने उन्हें प्रत्यक्ष अनुभव किया हो।

सोचिए, मानव के जीवन में वह पल कितने अविस्मरणीय होते हैं जब कार्यस्थल से लौटने के बाद बच्चों से मिलते ही हमारे सारे दुख काफूर हो जाते हैं। थकान दूर हो जाती है और मन में प्रसन्नता, उत्साह और उमंग का संचार हो जाता है। सुख खरीदा नहीं जाता। इन छोटे-छोटे पलों को जीकर आप सुख का संसार पा जाते हैं। इन अवसरों को चूकिए मत। इन अवसरों का पूरा लाभ उठाने का

प्रयत्न कीजिए। बकलम निदा फाजली–

घर से मस्जिद है बहुत दूर यूँ किया जाए,
किसी रोते हुए बच्चे को हँसाया जाए।

गांधीजी के मूल सिद्धान्त

धर्म अलग-अलग रास्ते हैं, जिनका समागम अन्त में एक ही स्थान पर होता है।

Religions are different roads converging to the same point.

आप भले ही कितने ही व्यस्त हों थोड़ा समय निकालें तथा बच्चों से घुले-मिलें। यह समाज तथा राष्ट्र के प्रति आपका पावन कर्तव्य है तथा उन क्षणों में तो आप अपने बचपन में लौट जाएँगे।

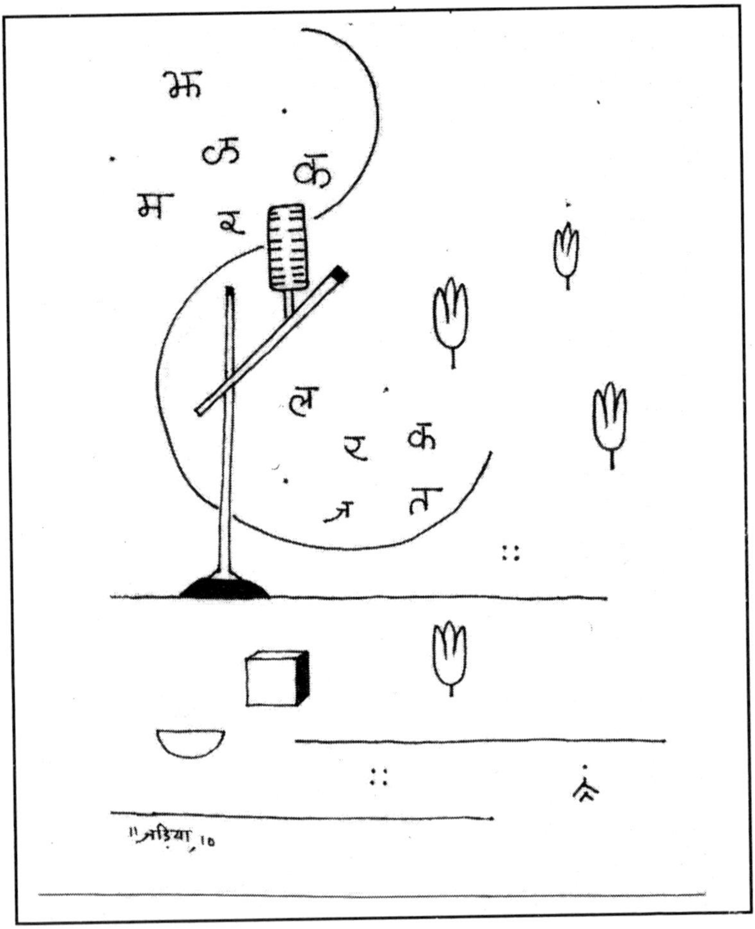

भाषा न केवल संवाद का सेतु है वरन् आदमी के स्वाभिमान एवं मातृभूमि के प्रति निष्ठा की भी सूचक है।

संवाद का सेतु

(Bridge of Communication)

भाषा न केवल संवाद का सेतु है वरन् आदमी के स्वाभिमान एवं मातृभूमि के प्रति निष्ठा की भी सूचक है। संसार के अनेक देशों में अनेक भाषाएँ हैं और वे बड़े स्नेह और आनन्द के वातावरण में आपसी सौहार्द और संवाद बनाए रखने में सफल हुए हैं। भारत में तो यह नितान्त आवश्यक है, क्योंकि न केवल इसका क्षेत्रफल असीमित है बल्कि हर दस मील पर बोली बदल जाती है। अलग-अलग प्रान्तों की अलग-अलग भाषाएँ हैं। ऐसे में देश को राष्ट्रीयता के एक सूत्र में बाँध पाने के लिए आपसी भाषाई समझ तथा हर भारतीय भाषा के प्रति सम्मान जताते हुए अपनी बात सारे देशवासियों के सामने रख पाने के विपरीत ध्रुवों के बीच तालमेल की महती समझ अत्यावश्यक है।

गोपाल कृष्ण गोखले अंग्रेजी के प्रखर विद्वान थे। उनके दक्षिण अफ्रीका प्रवास के दौरान गांधीजी चाहते थे कि वे वहाँ के भारतीय समुदाय से भारतीय भाषा में ही बात करें। समस्या यह थी कि गोखले को केवल मराठी आती थी।

जोहान्सबर्ग में केवल कुछ कोंकणी मुस्लिम व मराठी हिन्दू थे। गांधीजी ने गोखले से आग्रह किया कि वे भारतीय भाषा मराठी का ही उपयोग करें तथा वे उसे उन लोगों को, जो मराठी नहीं जानते थे, हिन्दी में अनुवाद कर सुना देंगे।

गोखले हँसकर बोले–"मैं जानता हूँ कि तुम्हारी भी हिन्दी उच्च स्तर की नहीं है और तुम मराठी से हिन्दी अनुवाद की बात कर रहे हो। क्या मैं यह पूछ सकता हूँ कि तुमने मराठी कहाँ से सीखी?"

गांधीजी ने कहा–"मेरी हिन्दी और मराठी की समझ एक जैसी है। मैं मराठी का एक शब्द भी नहीं बोल सकता, लेकिन आप मेरी रुचि के बारे में व्याख्यान देंगे तो मैं उसका हिन्दी अनुवाद कर सकता हूँ। मैं आपकी बात को सही तरीके से प्रस्तुत करूँगा और इन सबसे तो अधिक मेरे मन में आपको मराठी में सुन पाने की इच्छा भी है।"

अन्ततः हुआ भी यह कि गोखले ने मराठी में अपना उद्‌बोधन दिया तथा गांधीजी ने उसे हिन्दी में लोगों को सुनाया। तत्पश्चात गोखले ने जीवनपर्यंत उनके इस ज्ञान की सेवाएँ लीं।

उपरोक्त प्रसंग से स्पष्ट है कि गांधीजी दूसरों की भाषा के प्रति सम्मान का नजरिया रखते थे एवं उन्होंने कभी भी भाषा थोपने का प्रयास नहीं किया।

यही समझ यदि हमारे समाज को आजादी के इन छः दशकों में आ जाती तो न तो भाषाई दंगे होते और न बाहर की भाषा हमारी नई पीढ़ी के सर पर सवार होती।

भाषा तो मूलतः संवाद का सेतू तथा ज्ञान ग्रहण करने का सशक्त उपाय है। बालक अपनी भाषा में जितनी आसानी से यह कर सकता है उतना दूसरी भाषा में नहीं। लेकिन इसके लिए हमें दूसरों की भाषा के प्रति सम्मान और उसे सीखने की कोशिश पूरी ईमानदारी से करनी चाहिए। भाषा की समझ आपसी सम्बन्ध मधुर बनाने की सबसे बड़ी कला है।

इससे न केवल आपके ज्ञान में अभिवृद्धि होती है अपितु समाज में आपकी स्वीकार्यता भी बढ़ती है जो अन्ततोगत्वा आपकी सफलता में परिणत होती है। गांधी गैर-हिन्दीभाषी होते हुए भी जन नायक

केवल इसीलिए बन पाए क्योंकि उन्हें एक से अधिक भाषाओं का ज्ञान था।

इसीलिए आप भी किसी पूर्वाग्रह या दुराग्रह से ऊपर उठते हुए न केवल सब भाषाओं का सम्मान बल्कि जहाँ तक सम्भव हो तो उन्हें सीखने का प्रयत्न भी करें। इससे उस भाषा में उपलब्ध सारा ज्ञान आपको न केवल सुलभ होगा वरन् आपकी स्थायी थाती बनकर सारी उम्र आपका साथ देगा।

गांधीजी के मूल सिद्धान्त

सत्य से ऊपर कोई ईश्वर नहीं है।
There is no God higher than truth.

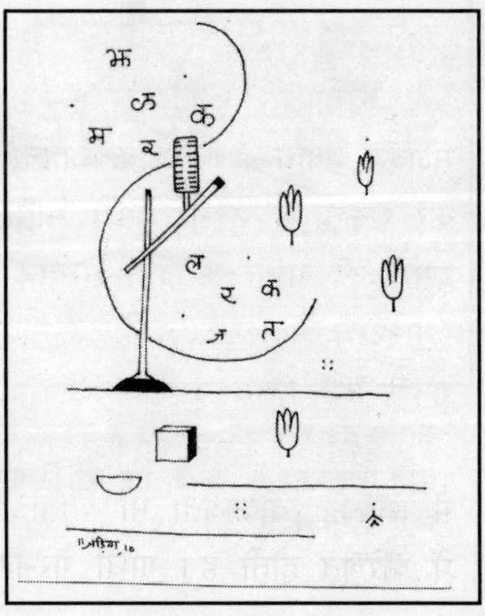

आप भी किसी पूर्वाग्रह या दुराग्रह से ऊपर उठते हुए न केवल सब भाषाओं का सम्मान बल्कि जहाँ तक सम्भव हो तो उन्हें सीखने का प्रयत्न भी करें।

सत्संग वह रामबाण औषधि है जो न केवल आपके मन को निर्मल करती है, वरन् कालान्तर में आपके तन को निष्पाप मन के सान्निध्य में अच्छे कामों के लिए प्रेरित करती है।

सत्संग से सुधार
(Improvement with Good Company)

सज्जन का साथ सत्संग के समान है। रामचरित मानस में गोस्वामी तुलसीदास ने नवधा भक्ति अर्थात भक्ति के जो नौ प्रकार गिनाए गए हैं उनमें से एक है सत्संग। सज्जन का साथ ईश्वर की प्रार्थना के समान है, क्योंकि उसके साथ रहते हुए आपके अवचेतन मन में भी गुणात्मक परिर्वतन खुद-ब-खुद आता चला जाता है और तब आपके व्यक्तित्व में उभरता है एक ऐसा मनुष्य जो न केवल सद्गुणी, सज्जन व समझदार होता है, बल्कि दूसरों के हित के लिए भी सदैव तत्पर रहता है।

इस तथ्य को बापू के सान्निध्य में रहकर विनोबा भावे ने बहुत गहराई तक समझ लिया था। एक ऐसा तथ्य जिसे सच्चे मन से उन्होंने स्वीकार भी किया।

गांधीजी से जब भी कोई मिलने आता था तो वे उनसे पूछते थे, कि क्या विनोबा भावे से भी मिले हो। यदि नहीं तो तुरन्त मिलना चाहिए।

गांधीजी के परामर्श पर एक बार एक सुप्रसिद्ध क्रान्तिकारी सज्जन विनोबा भावे से मिलने पवनार आश्रम पहुँचे। विनोबा तब मैदान में खुदाई कर रहे थे।

विनोबा ने पूछा–"क्यों आए हैं?"

सज्जन ने कहा–"मात्र आपके दर्शन करने।"

विनोबा ने फिर काम से लगते हुए तकरीबन उनकी उपेक्षा कर दी। वे कुछ देर तो खड़े रहे फिर लौट आए। बाद में यह बात उन्होंने

बापू को बताई–"आपके उल्लेख के अनुसार मैं उनसे मिला लेकिन उनका व्यवहार अनुचित व उपेक्षापूर्ण रहा।"

गांधीजी तुरन्त समझ गए पूछा–"वे क्या कर रहे थे?"

"मैदान में खुदाई।" उत्तर मिला।

"तो नाराज क्यों होते हो! जब विनोबा काम में व्यस्त थे, तो तुम उनसे बात कैसे कर पाते? प्रिय मित्र, क्या तुम यह भी नहीं जानते कि किसी से मिलने जाने के पूर्व मिलने हेतु समय प्राप्त किया जाता है।"

विनोबा भावे ने यह बात स्वयं अपने संस्मरण में कही है कि एक अरसे के बाद जब वे भूटान यात्रा के दौरान बापू से मिले तो उन्हें पूर्व प्रसंग याद था तथा उन्होंने सहज भाव से समझाया कि बन्धु, जब कोई आपके पास खुद आता है तो आपका यह धर्म बनता है कि उसे पूरा सम्मान देते हुए उसकी पूरी बात सुनें।

विनोबा ने आगे कहा कि इस प्रकार बापू ने धीरे-धीरे मुझे व्यावहारिकता के साँचे में ढाला। उनके सान्निध्य में मेरा रूखा तथा जंगली व्यवहार सभ्य पुरुष में बदल गया। सेवा की भावना ने मेरे अन्तस में एक पूजा का आकार ग्रहण कर लिया।

मुझे नहीं मालूम बापू ने मेरी परीक्षा ली थी या नहीं लेकिन यह तय है कि उनके आदर्श सत्य की अवधारणा के प्रति मेरी प्रतिबद्धता भी उनके सत्संग में मूर्त आकार ले पाई।

विनोबा आगे कहते हैं कि जब मैं बापू से मिला तो उनके अन्तस व बाह्य के सामंजस्य से यह हो गया। ये वही थे जिनसे मैंने गीता वर्णित कर्मयोगी की परिभाषा समझी। आध्यात्मिकता का मार्ग जाना। गीता में स्थितप्रज्ञ की जो परिभाषा दी गई है उसे बापू में साक्षात देख पाने का अवसर व आशीर्वाद मुझे प्राप्त हुआ। मैंने अपनी आँखों से स्वयं एक इनसान को आदर्शों के इतने नजदीक देखा।

वे आगे कहते हैं कि बापू द्वारा कहे गए शब्द आज भी मेरे मन मस्तिष्क में गूँजते हैं। हमारे सारे प्रयत्न विधान अन्त में शून्य को प्राप्त होंगे। अतः एक मात्र मार्ग सेवा का है और हमारा प्रयत्न होना चाहिए कि हम उसी में लिप्त रहें।

अंग्रेजी में कहावत है कि Person is known by the company he keeps अर्थात व्यक्ति की पहचान उसके साथियों से उभरती है। समाज में सज्जन का साथी सज्जन और दुर्जन का साथी दुर्जन कहलाएगा। सत्संग वह रामबाण औषधि है जो न केवल आपके मन को निर्मल करती है, वरन कालान्तर में आपके तन को निष्पाप मन के सान्निध्य में अच्छे कामों के लिए प्रेरित करती है। तभी तो तुलसीदास जी ने कहा है–प्रथम भक्ति सज्जन कर संगा, दूसरी मम कथा प्रसंगा।

जीवन में प्राप्त समय ही आपकी एकमात्र निधि है। इसके सदुपयोग या दुरुपयोग हेतु आप स्वतंत्र हैं। यह आपके विवेक पर निर्भर करता है कि आप इस इस पूँजी का कैसा उपयोग करते हैं। जब सज्जन के साथ से उसे सफल बना पाने की सुविधा भी आपके पास है तो क्या यह उचित और सामयिक नहीं होगा कि उसके माध्यम से आप अपना जीवन सफल करें।

गांधीजी के मूल सिद्धान्त

पाप से घृणा करो, पापी से नहीं।
Hate the sin, not the sinner.

जीवन में प्राप्त समय ही आपकी एकमात्र निधि है। इसके सदुपयोग या दुरुपयोग हेतु आप स्वतंत्र हैं।

याद रखिए, सादगी वह गुण है जो आपके जीवन को सरलता एवं तत्पश्चात सफलता के मार्ग की ओर ले जाती है।

सादगी से सरलता

(Ingenuity with Simplicity)

जीवन में सादगी का बड़ा महत्त्व है और यही सादगी हमें जीवन में सरलता के मार्ग पर ले जाती है। मनुष्य की मूलभूत आवश्यकताएँ अमूमन बहुत कम होती हैं, लेकिन इच्छाएँ तो आकाश होती हैं और यदि प्राणी एक बार उनके जाल में उलझ जाए तो फिर बाहर नहीं निकल पाता। रेशम के कीड़े के समान व्यर्थ ही आकांक्षाओं में खोकर अपना जीवन व्यर्थ कर लेता है। सादगी से ही मितव्ययिता, श्रम के प्रति सम्मान, खुद की गलती स्वीकारना, दूसरों की भावनाओं का ख्याल रखना इत्यादि गुण आपकी आदतों में अपने आप शुमार होते चले जाते हैं।

एक बार गांधीजी ने साबरमती आश्रम में प्रार्थना सभा के उपरान्त स्वीकार किया कि मैं आज तीन त्रुटियों की तरफ सबका ध्यान आकर्षित करना चाहूँगा। इसमें सबसे बड़ी गलती तो मेरी ही है। यहाँ का अध्यक्ष होने के नाते मुझे अधिक सावधान होना चाहिए था।

और तब उन्होंने प्रसंग का उल्लेख किया कि मेरा कमरा नदी की दिशा की ओर था, जिसमें दीवार के दूसरे छोर पर छत के समीप कुछ स्थान रोशनी तथा हवा के लिए खुला रखा गया था। लेकिन इससे धूप सीधे मेरे चेहरे पर आती थी। मैंने एक आश्रमवासी को

इसके उपाय हेतु निवेदन किया। तुरन्त एक बढ़ई बुलाया गया जिसने लकड़ी का एक सुन्दर फ्रेम बनाकर उस स्थान पर लगा दिया। इसके फलस्वरूप धूप आनी बन्द हो गई।

लेकिन उसी पल गांधीजी ने सोचा कि जो किया गया वह उचित नहीं था। उन्होंने हर एक से वो बात कही तथा अन्त में प्रार्थना सभा में अपनी गलती को खुलेआम निर्मल मन से स्वीकार भी किया।

एक ऐसे आदमी के लिए जिसने देशवासियों की निर्धनता के परिप्रेक्ष्य में सादगी को अपनाया हो, उसके लिए यह कार्य कदापि उचित नहीं था। मुझे इस पर निर्देश देने के पूर्व विचार करना चाहिए था। जो कार्य कपड़े के मात्र एक छोटे-से टुकड़े से सम्पन्न हो सकता था, उसके लिए मैंने बढ़ई की सेवाएँ प्राप्त कीं जिस पर दो रुपए का खर्च तथा तीन घंटे के श्रम का अपव्यय हुआ। यह कार्य तो बगैर किसी खर्च या श्रम के मात्र एक कार्ड बोर्ड या कपड़े में दो कील लगाकर भी किया जा सकता था। हमारी परीक्षा भी छोटे-छोटे मामलों से ही होती है।

यह था सादगी का गांधी दर्शन। याद रखिए, सादगी वह गुण है जो आपके जीवन को सरलता एवं तत्पश्चात सफलता के मार्ग की ओर ले जाती है। क्योंकि तब आपका मन व्यर्थ की बातों में न उलझकर लक्ष्य की ओर केन्द्रित रहता है। यही तो एकलव्य या सिकन्दर जैसे महापुरुषों की साधना थी, जो बगैर किसी तामझाम के लक्ष्य के प्रति समर्पित रहे और यही कारण है कि आज भी विश्व-इतिहास उनसे गौरवान्वित है।

रामायण में भी कहा गया है :

निर्मल मन जन सो मोहि पावा,
मोहिं कपट छल छिद्र न भावा।

गांधीजी के मूल सिद्धान्त

खुद को खोजने का सर्वश्रेष्ठ उपाय है स्वयं को दूसरों की सेवा में समर्पित कर दो।

The best way to find yourself is to lose yourself in the service of others.

सादगी से ही मितव्ययिता, श्रम के प्रति सम्मान, खुद की गलती स्वीकारना, दूसरों की भावनाओं का ख्याल रखना इत्यादि गुण आपकी आदतों में अपने आप शुमार होते चले जाते हैं।

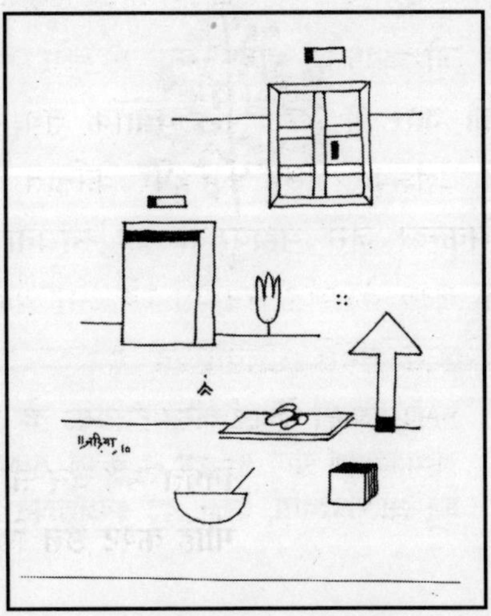

महापुरुषों का जीवन चरित्र दीये का वह प्रकाश है जो जीवन में कठिनाई के अन्धकारपूर्ण मार्ग पर हमें न केवल साहस प्रदान करता है, वरन् आगे बढ़ने हेतु आत्मविश्वास, ऊर्जा, दृढ़ इच्छाशक्ति की भेंट भी देता है।

प्रेरणा से प्रेरित

(Inspired from Inspiration)

हर व्यक्ति के जीवन में बड़ों से प्रेरणा लेकर आगे बढ़ने की सुविधा उपलब्ध है। दूसरों का ज्ञान, विवेक, अनुभव ऐसी थाती हैं जिन्हें अपनाकर आप न केवल अपने समय की बचत कर पाते हैं वरन् जीवन में आगे बढ़ने के मार्ग को भी सुनिश्चित कर पाते हैं। ज्ञान किसी एक की दौलत नहीं है और हर आदमी सर्वज्ञानी हो यह भी जरूरी नहीं। अतः उचित तो यही है कि जब हमें अपने पूर्वजों, महापुरुषों का ज्ञान आसानी से उपलब्ध है तो क्यों न उसका पूरा लाभ उठाया जाए।

गांधीजी ने भी किसी अहम् के मायाजाल में उलझे बगैर अपने जीवन में तिलक, गोखले, विवेकानन्द इत्यादि को अपना आदर्श मानते हुए अपना मार्ग तय किया। स्वामी विवेकानन्द ने तो किसी निर्बल, असहाय व निर्धन में नारायण को देखते हुए उसे ही दरिद्र नारायण की संज्ञा दी थी।

वर्ष 1921, स्वामी विवेकानन्द की जन्मतिथि पर कलकत्ता में एक आयोजन किया गया। गांधीजी वहाँ अचानक पहुँच गए। मठ के स्वामी शिवानन्द उनकी इस उदारता से अभिभूत हो गए। उन्हें विवेकानन्द निवास सहित पूरे आश्रम का अवलोकन कराया गया। गांधीजी ने हर चीज बड़े गौर से देखी। उन्होंने स्वामी रामकृष्ण के भी दर्शन किए।

वह दिन उल्लास और उमंग का था। तभी बापू के आगमन ने उसे उत्सव में बदल दिया। वे सब उन्हें सुनना चाहते थे।

गांधीजी के उद्‌गार थे–

''मैं यहाँ भाषण देने नहीं आया था। अतः अवज्ञा आन्दोलन या खादी के बारे में बात नहीं करूँगा। मैं तो यहाँ स्वामीजी के प्रति अपनी श्रद्धा प्रकट करने आया हूँ। आज उनका जन्मदिन है और मैंने उनका साहित्य ध्यानपूर्वक पढ़ा है। उसे पढ़कर मेरा देशप्रेम हजार गुना बढ़ा है। मैं नौजवानों से कहना चाहूँगा कि यहाँ से खाली हाथ न जाएँ। वे इस स्थान से जहाँ स्वामीजी रहे तथा अपने जीवन का बलिदान किया उससे प्रेरणा लेकर ही जाएँ।''

आज भी बंगाल के पुलिस रिकॉर्ड में उस दिन की घटना का उल्लेख इस प्रकार है :

''गांधी ने कहा कि उनके मन में विवेकानन्द के प्रति अगाध सम्मान है तथा उनके आदर्श ही मेरे आदर्श हैं। यदि आज विवेकानन्द जिन्दा होते तो उन्होंने राष्ट्र को जाग्रत करने की दिशा में मुझसे कई गुना अधिक योगदान दिया होता। लेकिन उनकी आत्मा हमारे साथ है। अतः हम अपनी सारी ऊर्जा स्वाधीनता प्राप्ति के आन्दोलन में लगाएँ। सर्वप्रथम हमें अपने देश से प्यार करना चाहिए। इस कार्य में हमें एकाग्रचित होना चाहिए।''

महापुरुषों का जीवन चरित्र दीये का वह प्रकाश है जो जीवन में कठिनाई के अंधकारपूर्ण मार्ग पर हमें न केवल साहस प्रदान करता है, वरन् आगे बढ़ने हेतु आत्मविश्वास, ऊर्जा, दृढ़ इच्छाशक्ति की भेंट भी देता है। जब यह अमूल्य निधि हमें सहज उपलब्ध है तो फिर उसे अपनाने में संकोच क्यों? हाँ, यह आवश्यक है कि हम समय निकालकर उनके जीवन चरित्र, आदर्श, विचार और दर्शन को पढ़ें। अपने जीवन में आत्मसात् करें तथा उसे सफल बनाएँ।

गांधीजी के मूल सिद्धान्त

प्रार्थना : हृदय रहित शब्दों की अपेक्षा शब्द रहित पूरे मन से की गई प्रार्थना का महत्त्व अधिक है।

In a prayer it is better to have a heart without words than to have words without a heart.

दूसरों का ज्ञान, विवेक, अनुभव ऐसी थाती हैं जिन्हें अपनाकर आप न केवल अपने समय की बचत कर पाते हैं वरन् जीवन में आगे बढ़ने के मार्ग को भी सुनिश्चित कर पाते हैं।

वस्तुतः समाज-सुधार कोरी बातों से नहीं होता। उसके लिए स्वयं की जीवन शैली को एक आदर्श रूप में प्रस्तुत करने का साहस व सामर्थ्य हर एक को अपने अन्दर विकसित करना चाहिए।

उपदेश नहीं अभ्यास करें

(Practice, Don't Preach)

जीवन में सबसे सरल कार्य है उपदेश। क्योंकि इसमें न तो कोई पैसा खर्च होता है और न किसी ज्ञान या विद्वत्ता की आवश्यकता है। कठिन कार्य है उपदेश के अनुरूप अभ्यास। जब तक आप किसी अच्छी बात को आचरण में नहीं उतारेंगे तब तक न तो उसकी सार्थकता या उपादेयता से परिचित हो पाएँगे और न ही आत्मविश्वासपूर्वक इसकी व्याख्या दूसरों के सामने कर पाएँगे।

अस्पृश्यता हिन्दू समाज का एक दुर्गुण या कुपक्ष है जो सदियों से चली आई है। गांधीजी के अतिरिक्त किसी भी महापुरुष ने उसके निवारण की दशा में कोई खास कदम नहीं उठाए और सम्भवतया उठाए भी हों तो इसे दूर नहीं कर पाए। स्वामी विवेकानन्द की दरिद्र नारायण की अवधारणा को गांधीजी ने सच्चे मन से स्वीकार करते हुए निराकरण का प्रयास पूरी ईमानदारी तथा गम्भीरतापूर्वक किया।

महात्मा गांधी का एक शिष्य था अमीरचन्द। वह अत्यन्त जिज्ञासु प्रवृत्ति का था। वह प्रायः गांधीजी से कई विषयों पर चर्चा करता और अपनी शंकाओं व प्रश्नों का समाधान उनसे प्राप्त करता। गांधीजी चूँकि स्वयं अत्यन्त ज्ञानी थे और बौद्धिक, सामाजिक, राजनीतिक व नैतिक आदि विविध विषयों पर वार्तालाप करना उन्हें प्रिय था, इसलिए अमीरचन्द को उन्होंने कभी निराश नहीं किया।

एक दिन अमीरचन्द प्रातःकाल आया और गांधीजी के चरण स्पर्श करके एक ओर बैठ गया।

गांधीजी ने अपने हाथ का कार्य सम्पन्न कर अमीरचन्द से पूछा–"आज किस विषय पर बात करना चाहते हो?"

अमीरचन्द बोला–"बापू, मैं अछूतोद्धार पर आपका मत जानना चाहता हूँ।"

गांधीजी उसके प्रश्न का जबाब देने ही वाले थे कि तभी वहाँ लक्ष्मी नामक एक हरिजन बालिका आई, जिसे गांधीजी ने गोद ले रखा था। लक्ष्मी आते ही गांधीजी की गोद में बैठ गई और बिस्किट खाने लगी। उसने आधा बिस्किट खाकर शेष आधा बिस्किट गांधीजी के मुँह में रख दिया, जिसे गांधीजी ने सहर्ष खा लिया।

तभी अमीरचन्द उठकर जाने लगा तो गांधीजी ने पूछा–"क्या हुआ? बैठो, तुम्हारे प्रश्न का उत्तर तो मैंने दिया ही नहीं।"

तभी अमीरचन्द ने कहा–"बापू मेरे प्रश्न का उत्तर मुझे मिल गया। अब मैं चलता हूँ।" यह था गांधीजी का अछूत प्रेम जो मात्र उनकी वाणी का ही नहीं, बल्कि उनके आचरण का भी हिस्सा था।

वस्तुतः समाज सुधार कोरी बातों से नहीं होता। उसके लिए स्वयं की जीवन शैली को एक आदर्श रूप में प्रस्तुत करने का साहस व सामर्थ्य हर एक को अपने अन्दर विकसित करना चाहिए। कहने से अधिक करना महत्त्वपूर्ण है। क्योंकि सच्चे अर्थों में यही परिणामदायी होता है।

पाप का एक दिन अन्त होता है
पुण्य का यश अनन्त होता है
जो भी दुखियों से प्यार करता है
वही वास्तव में सन्त होता है।

गांधीजी के मूल सिद्धान्त

प्रजातंत्र के सुचारु संचालन के लिए आँकड़ों के ज्ञान की अपेक्षा सही शिक्षा अधिक आवश्यक है।

What are really intend to make democracy function is not the knowledge of facts but right education.

कठिन कार्य है उपदेश के अनुरूप अभ्यास।

परिवारवालों को ये बातें महसूस हो रही थीं पर बापू से कह सकने का साहस किसी को नहीं हो रहा था। उन्हें यह मालूम था कि बापू ने एक बार फैसला कर लिया तो उनका फैसला कोई नहीं बदलवा सकता।

वचन की रक्षा
(Keep Promise)

यह घटना तब की है, जब बापू दक्षिण अफ्रीका के जोहान्सबर्ग शहर में वकालत करते थे। उनका ऑफिस घर से तीन मील दूर था। एक दिन उनके सहयोगी पोलक ने गांधीजी के बेटे मणिलाल से कहा कि ऑफिस जाकर वह एक किताब ले आए। लेकिन मणिलाल भूल गया। शाम को जब श्री पोलक ने इसका जिक्र किया तो उसे तभी वह बात याद आई।

गांधीजी को जब इस बारे में पता चला तो उन्होंने मणिलाल को बुलाया और कहा–"बेटा, मुझे मालूम है, रात अँधेरी है। रास्ता लम्बा और सुनसान है। तुम्हें छह मील पैदल चलना होगा, लेकिन तुमने श्री पोलक को किताब लाने का वादा तो किया था। इसलिए अभी जाओ और किताब ले आओ।"

जब बा और बापू के घरवालों ने बापू का फैसला सुना तो वे परेशान हो उठे। इन्हें यह सजा ज्यादा ही कठोर लगी। मणिलाल तो बच्चा ही था। अँधेरी रात में सुनसान रास्ते का लम्बा सफर। वह तो बस एक किताब लाना ही भूला था। किताब अगले दिन भी लाई जा सकती थी।

परिवारवालों को ये बातें महसूस हो रही थीं पर बापू से कह सकने का साहस किसी को नहीं हो रहा था। उन्हें यह मालूम था कि बापू ने एक बार फैसला कर लिया तो उनका फैसला कोई नहीं

बदलवा सकता।

आखिर गांधीजी के बड़े पुत्र कल्याण भाई ने हिम्मत करके कहा–"किताब मैं ले आऊँगा।"

बापू ने नम्रता लेकिन दृढ़तापूर्वक कहा–"लेकिन वादा तो मणिलाल ने किया था। इसलिए वही जाकर किताब लाएगा। तुन्हें अगर उसका रात में जाना ठीक नहीं लगता तो तुम भी उसके साथ जा सकते हो। लेकिन उसे अपना वादा निभाना सीखना होगा।"

आखिरकार मणिलाल कल्याण भाई के साथ रात ही में रवाना हुए। छह मील पैदल चलकर वे श्री पोलक की किताब लेकर ही लौटे।

रामचरित मानस में भी कहा ही गया है–

"रघुकुल रीति सदा चलि आई,
प्राण जाइ पर वचन न जाई।"

गांधीजी के मूल सिद्धान्त

सत्य से ऊपर कोई ईश्वर नहीं है।

There is no God higher than truth.

मणिलाल कल्याण भाई के साथ रात ही में रवाना हुए। छह मील पैदल चलकर वे श्री पोलक की किताब लेकर ही लौटे।

अच्छी परम्परा का पालन घर से ही आरम्भ होता है। इसीलिए कहा भी गया है Charity begins at home। यदि महात्मा गांधी अपने घरवालों से ही अपने सिद्धान्तों का पालन नहीं करवा पाते तो फिर समाज के सामने क्या मुँह लेकर जा पाते।

सत्य : परम्परा का पालन

(Truth : A Tradition)

इस सच्चे प्रसंग के प्रेरक हैं महात्मा गांधी के पौत्र डॉ. अरुण गांधी जो महात्मा गांधी इंस्टीट्यूट ऑफ नॉन वायलेंस (Mahatma Gandhi Institute of Nonviolence) के संस्थापक हैं, जिसका वर्णन स्वयं उनके द्वारा लालन-पालन में अहिंसा को अंगीकार किए जाने के महत्त्वपूर्ण सूत्र पर आधारित है और जिसे प्यूर्टो रिको (Puerto Rico) विश्वविद्यालय में प्रस्तुत किया गया था।

बात उस दौर की है जब 16 वर्षीय अरुण डरबन में महात्मा गांधी द्वारा स्थापित एक आश्रम में अपने पिता मणिकलाल गांधी (महात्मा गांधी के पुत्र) एवं माता के साथ रहा करते थे। यह स्थान साउथ अफ्रीका के डरबन शहर से 18 किलोमीटर दूर गन्ने के खेतों के समीप निर्जन में स्थित था। परिवार प्रान्त के सुदूर स्थान पर अकेले रहा करता था। आसपास कोई पड़ोसी तक नहीं थे। इसलिए परिवार के सदस्य शहर जाकर मित्रों से मिलने एवं मनोरंजन के लिए फिल्म देखने हेतु सदैव लालायित रहा करते थे।

एक दिन पिता को पूरे दिन चलने वाली एक कॉन्फ्रेंस में भाग लेने हेतु शहर जाना था, सो उन्होंने पुत्र अरुण से मोटर गाड़ी द्वारा उन्हें ले चलने हेतु कहा। पुत्र सुनते ही खुशी से उछलकर तैयार हो गया। चूँकि वे शहर जा रहे थे इसलिए माँ ने भी खरीदकर ला

सकने वाले सामान की सूची थमा दी। चूँकि पुत्र को शहर में सारे दिन रुकना था, अतः पिता ने सभी लम्बित कार्य निपटाने व कार की सर्विसिंग कराने की हिदायत भी दी।

अरुण आगे कहते हैं कि जब मैंने पिता को नियत स्थान पर छोड़ा तो उन्होंने सन्ध्या 5 बजे आकर साथ ही लौटने के लिए ताकीद भी कर दिया।

सारे काम जल्दी-जल्दी समाप्त कर वे सीधे नजदीक के एक थिएटर में पहुँच गए। जान वायने की उस फीचर फिल्म में वे कुछ इस तरह खो गए कि समय का ध्यान ही उनके मन-मस्तिष्क से निकल गया। ठीक 5.30 पर उन्हें अचानक समय का भान हुआ। वे हड़बड़ाकर शीघ्रतापूर्वक गैराज पहुँचे जहाँ उन्हें प्रतीक्षारत पिता से मिलना था। पहुँचने तक सन्ध्या के 6 बज चुके थे।

पिता ने व्यग्रतापूर्वक पुत्र से पूछा कि वह कहाँ रह गया था। पुत्र शर्म के मारे फिल्म के बारे में कहने का साहस नहीं जुटा पाया और कह दिया कि कार तैयार नहीं थी इसलिए मुझे देरी हो गई, यह बात जाने बगैर कि पिता ने गैरेज फोन करके पहले ही सब कुछ पता कर लिया था। उसका झूठ पकड़ा गया।

उदास पिता ने कहा—शायद मेरे लालन-पालन में ही कुछ कमी रह गई है जिसके कारण तुम मुझसे सच कहने का आत्मविश्वास नहीं जुटा पाए। यह आत्मचिन्तन करने के लिए कि मुझमें कहाँ कमी रह गई, मैं आज 18 मील पैदल चलकर ही घर जाऊँगा यह सब सोचते हुए।

इस प्रकार अपने सूट-बूट सहित ऊबड़-खाबड़ अँधेरे रास्ते पर पैदल ही घर लौटने के लिए उन्होंने यात्रा आरम्भ कर दी। चूँकि मैं उन्हें उस खतरनाक रास्ते पर अकेला नहीं छोड़ सकता था अतः उनके पीछे-पीछे अगले पाँच घंटे तक धीमी गति से कार चलाता हुआ चलता रहा। उस समय मैंने अपने अन्दर उस पीड़ा का

अनुभव किया जो एक छोटे से झूठ के कारण मेरे पिता के कष्ट का कारण बनी। और उसी समय मेरी अन्तरात्मा में वह पल आया जब मैंने भविष्य में फिर कदापि झूठ नहीं बोलने की प्रतिज्ञा स्वयं से की।

मैं आज तक भी इस विषय पर जब सोचता हूँ तो पाता हूँ कि यदि उस दिन उन्होंने मुझे उस तरह डाँटा होता जैसा मैं अपने बच्चों को डाँटता हूँ तो क्या मुझे कोई सीख मिल पाती। शायद कतई नहीं। मैं दंड पाता पर वैसा ही फिर करने लग जाता। लेकिन अहिंसा का यह छोटा-सा सन्देश इतना शक्तिशाली था कि मुझे आज तक लगता है कि जैसे यह सब कल ही घटित हुआ हो। इसे कहते हैं अहिंसा का सन्देश और शक्ति।

मित्रो! इससे यह सीख स्पष्ट मिलती है कि अच्छी परम्परा का पालन घर से ही आरम्भ होता है। इसीलिए कहा भी गया है– Charity begins at home। यदि महात्मा गांधी अपने घरवालों से ही अपने सिद्धान्तों का पालन नहीं करवा पाते तो फिर समाज के सामने क्या मुँह लेकर जा पाते और यही कारण है कि गांधी परिवार ने उनके नाम को कभी भुनाया नहीं, कोई अनुचित लाभ नहीं उठाया, चुनाव में खड़े होकर उनके नाम पर वोट नहीं माँगे। उन्होंने गांधी को कभी बेचा नहीं एवं उनके नाम की गरिमा बनाए रखी, अपने किसी तुच्छ स्वार्थ की लिप्सा में पड़े बगैर अपने दम पर अपने सिद्धान्तों के साथ आज भी खड़े हैं।

गांधीजी के मूल सिद्धान्त

ईश्वर में विश्वास कायम रखना संसार में सबसे सरल है, फिर भी इसे सबसे कठिन माना जाता है।

To have faith in God should be the easier thing in world, yet it appears to be the most difficult.

❏❏❏

उसी समय मेरी अन्तरात्मा में वह पल आया जब मैंने भविष्य में फिर कदापि झूठ नहीं बोलने की प्रतिज्ञा स्वयं से की।